JN299190

# 中国語発音
# 徹底攻略ドリル

戴 暁旬 著

駿河台出版社

カバーデザイン：小熊未央

# まえがき

　中国語の発音が難しいのは、初心者にとっては勿論のことで、長く学習した方にもよく言われることです。中国語の独特の声調だけではなく、有気音と無気音、そり舌音とそうでないもの、2種類鼻母音の区別、及び日本語にない発音の識別などは多くの学習者を悩ませるでしょう。発音は中国語学習の土台と言われるほど重要なので、会話や聴力を上達させるにはこの大きな壁を越えなければなりません。

　発音の基礎は大体どの初級参考書にも載っていますし、しかもテレビやラジオ講座を通じても勉強できます。しかし説明がわかっても、うまく発音ができない、また発音の近い言葉については、その違いには区別がつかないと感じている学習者は多いようです。それは当然のことで、発音の基礎は普通10時間程度で勉強できますが、しかしそれを1通りの学習で、身につけることは不可能です。繰り返し聞き取り・発声練習することは欠かせないことです。本書は、発音の難関を徹底的に突破するために、中国語のすべての音節（400余り）を練習できる問題、紛らわしい発音の識別を訓練できる問題を豊富に取り込んでいます。

　また学習者のレベルや独学者のことを考慮して、発音の基礎、初級者に合わせた練習問題、より難しい練習問題を分けて用意しました。各自は自分のレベルに合わせて練習問題を選択し、訓練することが効果的です。

　本書の刊行にあたって、駿河台出版社の猪腰くるみ氏には編集から、校正にいたるまで、大変貴重なご助言、ご援助を戴き、ここで、厚くお礼を申し上げたいと思います。最後にみなさんが本書を存分に活用され、中国語の発音をクリアして中国語学習に役立つことを、心から願っております。

　　　　　　　　　　　　　　　　　　　2010年5月　　戴　暁旬

# 目　次

本書の特色と使い方 …………………………………… 6

## 発音の基礎

第1課　声調、単母音、複母音 ………………………… 8
第1課の練習問題 ……………………………………… 14
第2課　子音 …………………………………………… 16
第2課の練習問題 ……………………………………… 22
第3課　鼻母音 ………………………………………… 24
第3課の練習問題 ……………………………………… 28
第4課　r化、"不"と"一"の変化 …………………… 30
第4課の練習問題 ……………………………………… 34

## 練習問題（レベル1）

練習問題（1） ………………………………………… 38
練習問題（2） ………………………………………… 40
練習問題（3） ………………………………………… 42
練習問題（4） ………………………………………… 44
練習問題（5） ………………………………………… 46
練習問題（6） ………………………………………… 48
練習問題（7） ………………………………………… 50
練習問題（8） ………………………………………… 52

## 練習問題（レベル２）

練習問題（1） …………………………………………………… *56*
練習問題（2） …………………………………………………… *58*
練習問題（3） …………………………………………………… *60*
練習問題（4） …………………………………………………… *62*
練習問題（5） …………………………………………………… *64*
練習問題（6） …………………………………………………… *66*
練習問題（7） …………………………………………………… *68*
練習問題（8） …………………………………………………… *70*

付録　中国語音節表 ………………………………………… *72*

# 本書の特色と使い方

　本書は中国語の学習者が誰でも利用できるため、豊富な発音練習問題だけではなく、学習者のレベルを考慮して、発音の基礎、やさしい練習問題（レベル1）、より難しい練習問題（レベル2）により構成されています。

　発音の基礎は、全く初めての方、及び基礎を習ったことはあるが、もう一度復習したい方のために用意したものです。4課にわたって、発音の基礎を一通り説明しました。練習するときは、まずCDの音声に従ってピンインを覚えて、さらに各課に用意したドリル、練習問題を繰り返し練習しましょう。必要でなければ、この部分を飛ばして直ちに次のレベルの練習問題にチャレンジしてください。

　練習問題（レベル1）は、初級レベルに合わせて、声調の違い、発音の違いを識別する選択形式の練習問題です。

　練習問題（レベル2）はより難しい、聞き取りながら書き取る練習問題です。声調や発音の聞き取り書き取り、間違い探しなど多様な形式の練習問題を用意しました。

　各レベルとも、繰り返し聞き取り練習と発声練習をしてください。発声練習ではCDの音声に従ってゆっくり読み上げましょう。各レベルとも8セットの練習問題を用意しました。本書の練習問題を生かして、最初はピンインを見ながらで良いので聞き取れることを目標とし、最後は耳だけで聞きながら書き取ること、発音や声調を識別できることを徹底的に目指して中国語発音の達人になりましょう。

練習問題のページには◯のようなチェックボックスを付しています。解答後に印をつけるも可、苦手な所として色をぬりつぶすも可、自由にお使い下さい。

### 第1課の練習問題

1. 発音されたピンインに◯を付けなさい。

10

(1) yī yí yǐ yì　　(2) wū wú wǔ wù
(3) ē é ě è　　　(4) yū yú yǔ yù
(5) ēr ér ěr èr　　(6) āi ái ǎi ài
(7) yē yé yě yè　　(8) wō wó wǒ wò
(9) yuē yué yuě yuè　(10) yāo yáo yǎo yào
(11) yōu yóu yǒu yòu　(12) wēi wéi wěi wèi

# 発音の基礎

　発音の基礎をすでに習ったことのある方は、この部分を飛ばして直ちに次のレベルの練習問題にチャレンジにしてもよいです。初めての方、或いは発音の基礎（ピンイン）を復習したい方は、まずＣＤに収録した発音をまねてピンインを覚え、さらに各課に用意した練習問題を繰り返し聞き取り練習しましょう。

# 第1課 声調、単母音、複母音

　ピンイン（中国語では、拼音という）というのは、中国語の発音を表すための声調記号付きのローマ字のことです。辞書を引いたり、パソコンで漢字を入力したりするときに使います。基本的に"V"を除いた25個の英文字と"ü"を使います。その中に母音と子音があります。母音には単母音、複母音、鼻母音があります。

中国語発音の仕組　| 声調　　　　|　例えば、nǐ（你）　ài（爱）
　　　　　　　　 |（子音）+母音 |

　中国語の発音は音節と声調によって構成され、音節は母音、或いは母音と子音が組み合わさって構成されます。使われている音節は400あまりになります。

## 1. 声調

　中国語では、音節に高低、上げ下げの調子が付いています。これが欠けると意味を区別できなくなります。例えば、bā（八）、bá（拔）、bǎ（把）、bà（爸）、それぞれ意味が違います。このような声調は四種がありますので、四声とも呼ばれています。

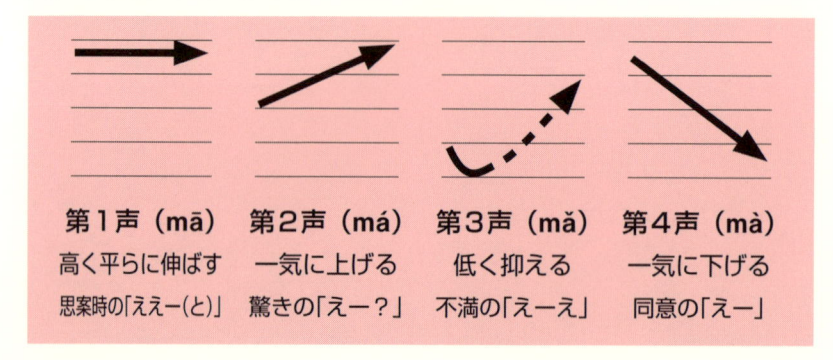

| 第1声（mā） | 第2声（má） | 第3声（mǎ） | 第4声（mà） |
|---|---|---|---|
| 高く平らに伸ばす | 一気に上げる | 低く抑える | 一気に下げる |
| 思案時の「ええー（と）」 | 驚きの「えー？」 | 不満の「えーえ」 | 同意の「えー」 |

※第3声は単独で使う、或いは文末に来るとき、低く抑えてから自然に上がります。
※声調記号はまず母音の上に付けて、母音が二つ以上の場合はa→o→e→u・iの優先順位になり、「u」と「i」が同時に現れるとき、後ろの方につけます。
※iに声調記号を付けるとき、上の点を取ります。

## 2．軽声

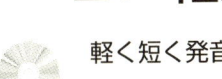

軽く短く発音します。直前の音節の声調により、高さが変わります。第3声の後で高くなり、それ以外は低く、声調記号を付けません。

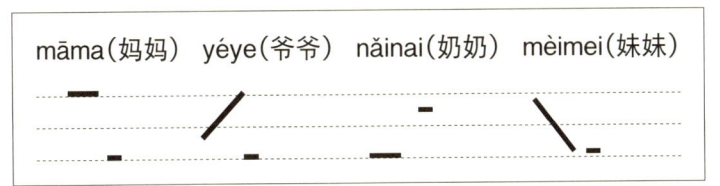

māma（妈妈）　yéye（爷爷）　nǎinai（奶奶）　mèimei（妹妹）

### ドリル1

(1) mā má mǎ mà　(2) bā bá bǎ bà　(3) fā fá fǎ fà
(4) mī mí mǐ mì　(5) māma（妈妈）　(6) yéye（爷爷）
(7) nǎinai（奶奶）　(8) bàba（爸爸）
(9) Māma mà mǎ ma?　妈妈骂马吗？（お母さんは馬をしかるか）
(10) Māma fá bàba.　妈妈罚爸爸。（お母さんはお父さんを罰する）

# 3. 単母音

a o e i(yi) u(wu) ü(yu) er(そり舌母音)

※（ ）内は子音がない時のつづり方。

**a** 口を大きく開いて「あ」のような発音。

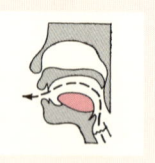

**o** 唇を尖らせて「お」のような発音。

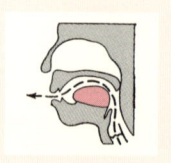

**e** 唇を半開きして舌をやや後ろに引きながら、喉の奥から発音。

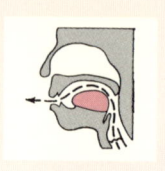

**i** 唇を左右に引いて「い」のような発音。

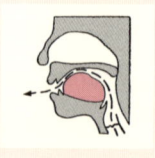

発音の基礎

**u** 唇を丸めて「う」のような発音。

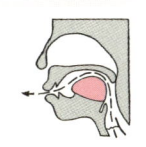

**ü** 横笛を吹くように「ユ」と「イ」の中間の発音。

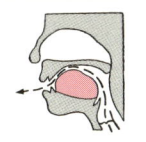

**er** 舌を上あごに付かないように、「e」の発音をしながら、舌をそりあげる。

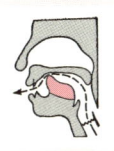

※ [er] は単母音ではなく、そり舌母音です。

### ドリル2

(1) a → ā á ǎ à　　(2) e → ē é ě è
(3) i → yī yí yǐ yì　　(4) u → wū wú wǔ wù
(5) ü → yū yú yǔ yù　　(6) er → ēr ér ěr èr
(7) yǐ（以）− yǔ（雨）　　(8) yí（疑）− yú（鱼）

# 4．複母音

**二重母音**

＞型　　　　　　　　　　　　　ai　　ei　　ao　　ou
（前の音は強く、後の音は弱く）

＜型　　　　　　　　　　　　　ia　　ie　　ua　　uo　　üe
（前の音は弱く、後の音は強く）　(ya)　(ye)　(wa)　(wo)　(yue)

**三重母音**

＜＞型　　　　　　　　　　　　iao　　iou　　uai　　uei
（真ん中の音は強く）　　　　　(yao)　(you)　(wai)　(wei)

※（　）内は子音がない時のつづり方。母音「i、u、ü、in、ing」は単独で使う時、「i→yi、u→wu、ü→yu、in→yin、ing→ying」のように表記し、この他の前に子音がなく「i、u」で始まる母音は単独で使う場合、「i→y、u→w」のように表記します。

※［iou］、［uei］の前に子音が来る時、真ん中の ［o］ と ［e］ が消えます。
例えば、l+iou → liù（六）、j+iou → jiǔ（九）、t+uei → tuī（推）、h+uei → huí（回）

## ドリル3

(1) ai → āi(哀)　　ái(癌)　　ǎi(矮)　　ài(爱)
(2) ei → ēi　　　　éi　　　　ěi　　　　èi
(3) ao → āo(凹)　　áo(熬)　　ǎo(袄)　　ào(傲)
(4) ou → ōu(欧)　　óu　　　　ǒu(偶)　　òu(沤)
(5) ia → yā(鸭)　　yá(牙)　　yǎ(雅)　　yà(亚)
(6) ie → yē(椰)　　yé(爷)　　yě(也)　　yè(夜)

(7) ua → wā(洼) wá(娃) wǎ(瓦) wà(袜)
(8) uo → wō(窝) wó wǒ(我) wò(握)
(9) üe → yuē(约) yué yuě(哕) yuè(月)
(10) iao → yāo(腰) yáo(摇) yǎo(咬) yào(要)
(11) iou → yōu(优) yóu(油) yǒu(有) yòu(又)
(12) uai → wāi(歪) wái wǎi(崴) wài(外)
(13) uei → wēi(威) wéi(围) wěi(伟) wèi(为)

# 5. 第3声

　第3声はその後に来る音節の声調によって変わります。「第3声＋第3声」の場合は、「第2声＋第3声」のように発音します。例えば、「你好」は「nǐ +hǎo」ではなく、「ní+hǎo」のように発音します。声調記号の表記は変わらないので、注意してください。

　第3声の後に第1声、2声、4声、軽声が来る場合は、低く抑えて上げないで発音します。例えば、雨衣 yǔyī

## ドリル4

（1）Wǔ Yī(五一) （2）yǐwéi(以为) （3）yǎyǔ(哑语)
（4）wǔyì(武艺) （5）wěiba(尾巴) （6）nǐhǎo(你好)

# 第1課の練習問題

1. 発音されたピンインに○を付けなさい。

   (1) yī　yí　yǐ　yì　　　　(2) wū　wú　wǔ　wù

   (3) ē　é　ě　è　　　　　(4) yū　yú　yǔ　yù

   (5) ēr　ér　ěr　èr　　　　(6) āi　ái　ǎi　ài

   (7) yē　yé　yě　yè　　　　(8) wō　wó　wǒ　wò

   (9) yuē　yué　yuě　yuè　　(10) yāo　yáo　yǎo　yào

   (11) yōu　yóu　yǒu　yòu　　(12) wēi　wéi　wěi　wèi

2. 発音を聞いて母音に声調記号を付けなさい。

   (1) yi(以)　　　(2) yi(疑)　　　(3) ai(爱)

   (4) wa(娃)　　(5) ya(亚)　　　(6) ye(也)

   (7) yao(腰)　　(8) wei(维)　　(9) wai(歪)

3．発音されたピンインに○を付けなさい。（発音違いの聞き取り練習）

(1) yì(易) － yù(育)　　　(2) é(額) － ér(儿)

(3) yòu(右) － yào(要)　　(4) wǒ(我) － wǔ(五)

(5) yuē(约) － yē(椰)　　(6) wài(外) － wèi(味)

(7) āyí(阿姨) － wūyú(乌鱼)

(8) wúyú(无余) － wúyí(无疑)

(9) yǔyī(雨衣) － Wǔ Yī(五一)

(10) yōuyù(优裕) － yōuyuè(优越)

4．発音されたピンインに○を付けなさい。（声調違いの聞き取り練習）

(1) yì(意) － yí(疑)　　　(2) ér(儿) － ěr(耳)

(3) yú(鱼) － yù(玉)　　　(4) wāi(歪) － wài(外)

(5) é(鹅) － è(恶)　　　　(6) wù(物) － wū(屋)

(7) yá(牙) － yā(鸭)　　　(8) wú(无) － wǔ(武)

(9) ài(爱) － ái(癌)　　　(10) wěi(尾) － wéi(围)

# 第2課 子音

## 子音

|  | 無気音 | 有気音 | その他 |  |  |
|---|---|---|---|---|---|
| 唇　音 | b | p | m | f |  |
| 舌尖音 | d | t | n |  | l |
| 舌根音 | g | k |  | h |  |
| 舌面音 | j | q |  | x |  |
| そり舌音 | zh | ch | sh | r |  |
| 舌歯音 | z | c |  | s |  |

※本書では便宜上、例えば、無気音を濁点で表しますが、実際中国語には濁音はないので、日本語のような濁る発音にならないように注意してください。

※有気音は強い息を伴って発音して、無気音は息を抑えてひかえめに発音します。

※「j、q、x」の後ろに「ü」が来る場合、「u」と綴り、例えば、「j+ü」は「ju」と表記します。
　「l、n」の後ろに「ü」が来る場合、「ü」と綴り、例えば、「l+ü」は「lü」と表記します。

※「bi、pi、mi、di、ti、ni、li、ji、qi、xi」の「i」は単母音「i」であり、
　「zhi、chi、shi、ri」の「i」は単母音「i」ではなく、特殊母音「ʅ」です。
　「zi、ci、si」の「i」も単母音「i」ではなく、特殊母音「ɿ」です。
　表記のため、「i」文字を借りているだけで、単母音「i」の発音になりません。
　「ʅ、ɿ」は単独で使わないので、「zh、ch、sh、r、z、c、s」と組み合せて使うだけです。
　「zi、ci、si」を「ジ、チ、シ」の発音にならないように注意してください。

| | |
|---|---|
| b | 上下の唇を合わせて息を抑えながら発音。濁らない「バ行」に近い音。<br>例：ba「バ」、bi「ビ」、bu「ブ」、bin「ビン」。なお「bo」は実際「buo」の発音になる。 |
| p | 上下の唇を合わせて強い息で発音。「パ行」に近い音。<br>例：pa「パ」、pi「ピ」、pu「プ」、pin「ピン」。なお「po」は実際「puo」の発音になる。 |
| m | 上下の唇を合わせて息を鼻にかけて発音。「マ行」に近い音。<br>例：ma「マ」、mei「メイ」、mi「ミ」、mu「ム」、min「ミン」。なお「mo」は実際「muo」の発音になる。 |
| f | 上歯と下唇で摩擦しながら発音。英語の「f」の発音に近い。<br>例：fa「ファ」、fei「フェィ」、fu「フ」、fang「ファン」。なお「fo」は実際「fuo」の発音になる。 |
| d | 舌の先は上の歯ぐきにつけて発音。濁らない「ダ行」の一部の発音に近い音。<br>例：da「ダ」、dou「ドウ」、dan「ダン」、di「ディ」 |
| t | 舌の先は上の歯ぐきにつけて強い息で発音。「タ行」の一部の発音に近い音。<br>例：ta「タ」、tou「トウ」、tan「タン」、ti「ティ」 |
| n | 舌の先は上の歯ぐきにつけて息を鼻にかけて発音。「ナ行」に近い音。<br>例：na「ナ」、nei「ネイ」、ni「ニ」、nu「ヌ」、nan「ナン」 |
| l | 舌の先は上の歯ぐき（d、t、nより少し奥）につけて息を舌の両側から出しながら発音。「ラ行」に近い音。<br>例：la「ラ」、li「リ」、lin「リン」、lu「ル」 |
| g | 舌根を裏顎に近づけて発音。濁らない「ガ行」に近い音。<br>例：ga「ガ」、gei「ゲイ」、gou「ゴウ」、gu「グ」、gan「ガン」、gun「グン」 |
| k | 舌根を裏顎に近づけて強い息で発音。「カ行」に近い音。<br>例：ka「カ」、kei「ケイ」、kou「コウ」、ku「ク」、kan「カン」、kun「クン」 |

| | |
|---|---|
| h | 舌根を裏顎に近づけて喉の奥から摩擦する音を出す。「ハ行」の一部の発音に似ているが、ただし「hu」は「フ」の音にならないように注意。<br>例：ha「ハ」、hei「ヘイ」、han「ハン」 |
| j | 舌は下の歯茎につけて発音。濁らない「ジ」に近い音。<br>例：ji「ジ」、jin「ジン」 |
| q | 舌は下の歯茎につけて強い息で発音。「チ」に近い音。<br>例：qi「チ」、qin「チン」 |
| x | 舌は下の歯茎につけて息を摩擦しながら発音。「シ」に近い音。<br>例：xi「シ」、xin「シン」 |
| zh | 舌をそりあげ、上あごに付けて、発音する。日本語でこの発音はない。 |
| ch | 舌をそりあげ、上あごに付け、強い息で発音する。日本語でこの発音はない。 |
| sh | 舌をそりあげ、上あごに付けず、息を摩擦しながら発音。日本語でこの発音はない。 |
| r | sh（i）と同じ要領で、声帯をふるわせると同時に発音する。日本語でこの発音はない。 |
| z | 上下の歯を合わせて舌の先を上の歯の裏につけて発音。濁らない「ズ」に近い音。<br>例：za「ザ」、zi「ズ」、zen「ゼン」 |
| c | 上下の歯を合わせて舌の先を上の歯の裏につけて発音。「ツ」に近い音。 |
| s | 上下の歯を合わせて舌の先を上の歯の裏につけて発音。「ス」に近い音。<br>例：sa「サ」、si「ス」、sen「セン」 |

## ドリル1

(1) bō bó bǒ bò　　(2) pō pó pǒ pò
(3) mō mó mǒ mò　　(4) fō fó
(5) dē dé dě dè　　(6) tē tè
(7) nē nè　　(8) lē lè
(9) gē gé gě gè　　(10) kē ké kě kè　　(11) hē hé hè
(12) jī jí jǐ jì　　(13) qī qí qǐ qì　　(14) xī xí xǐ xì
(15) zhī zhí zhǐ zhì　　(16) chī chí chǐ chì
(17) shī shí shǐ shì　　(18) rī rì
(19) zī zí zǐ zì　　(20) cī cí cǐ cì　　(21) sī sí sǐ sì

## ドリル2

(子音の識別)
b−p
　(1) bā(八) − pā(趴)　　(2) bō(波) − pō(坡)
　(3) bí(鼻) − pí(皮)

m−f
　(4) mǎ(马) − fǎ(法)　　(5) mèi(妹) − fèi(费)
　(6) mǔ(母) − fǔ(甫)

d−t
　(7) dǎ(打) − tǎ(塔)　　(8) dù(度) − tù(兔)
　(9) duì(对) − tuì(退)

n—l
(10) nà(那) — là(辣)　　(11) niú(牛) — liú(流)
(12) nǚ(女) — lǚ(旅)

g—k—h
(13) gē(哥) — kē(科) — hē(喝)
(14) guài(怪) — kuài(快) — huài(坏)

f—h
(15) fú(服) — hú(湖)　　(16) fēi(飞) — hēi(黑)
(17) fǒu(否) — hǒu(吼)

j—q—x
(18) jū(居) — qū(区) — xū(需)
(19) jiǎo(脚) — qiǎo(巧) — xiǎo(小)

zh—ch—sh
(20) zhē(遮) — chē(车) — shē(奢)
(21) zhā(扎) — chā(差) — shā(沙)

z—c—s
(22) zì(自) — cì(次) — sì(四)
(23) zǎo(早) — cǎo(草) — sǎo(扫)

r—l
(24) rù(入) — lù(路)　　(25) rì(日) — lì(历)
(26) rǎo(扰) — lǎo(老)

## (母音の識別)

**17**

(1) bǎi(百) － běi(北)　　(2) piào(票) － pài(派)
(3) fó(佛) － fú(福)　　(4) mǎi(买) － mǐ(米)
(5) táo(逃) － tiáo(条)　　(6) tuō(脱) － tōu(偷)
(7) lù(路) － lǜ(绿)　　(8) lóu(楼) － láo(劳)
(9) guī(归) － guāi(乖)　　(10) kǔ(苦) － kǒu(口)
(11) jí(急) － jú(局)　　(12) quē(缺) － qiē(切)
(13) zhí(直) － zhú(竹)　　(14) chāo(超) － chōu(抽)
(15) sè(色) － sì(寺)　　(16) cuò(错) － còu(凑)
(17) ròu(肉) － ruò(弱)　　(18) lè(乐) － lì(立)
(19) zǐ(紫) － zǔ(组)　　(20) cù(醋) － cì(次)

## (紛らわしい発音)

**18**

(1) jī(机) － zhī(支) － zī(资)
(2) qí(骑) － chí(迟) － cí(词)
(3) xǐ(洗) － shǐ(始) － sǐ(死)
(4) qǐ(起) － chǐ(尺) － cǐ(此)

# 第2課の練習問題

**1．発音を聞いて声調記号を付けなさい。**

(1) li（力）　　　　(2) chou（臭）　　　(3) shui（水）

(4) yu（鱼）　　　　(5) gai（该）　　　　(6) ju（局）

(7) ji（计）　　　　(8) hao（好）　　　　(9) chi（迟）

(10) tui（推）　　　(11) zhi（纸）　　　(12) tao（套）


**2．発音されたピンインに○を付けなさい。（無気音と有気音の練習）**

b－p
(1) bái（白）－ pái（排）　　(2) bǎo（饱）－ pǎo（跑）

d－t
(3) dài（代）－ tài（太）　　(4) dí（敌）－ tí（提）

g－k
(5) guò（过）－ kuò（括）　　(6) guà（挂）－ kuà（跨）

j－q
(7) jí（级）－ qí（骑）　　　(8) juè（倔）－ què（却）

zh－ch
(9) zhí（直）－ chí（迟）　　(10) zhuī（追）－ chuī（吹）

z－c
(11) zū（租）－ cū（粗）　　 (12) zuò（座）－ cuò（错）

3．発音されたピンインに○を付けなさい。（発音違いの聞き取り練習）

21

(1) sā(仨) － cā(擦)　　　(2) jié(节) － jué(决)

(3) lǚ(旅) － lǐ(李)　　　(4) guǒ(果) － huǒ(火)

(5) shǎo(少) － xiǎo(小)　(6) xí(席) － jí(级)

(7) qiāo(敲) － shāo(烧)　(8) huā(花) － fā(发)

(9) nà(那) － nè(讷)　　　(10) dé(德) － děi(得)

(11) nì(逆) － niè(聂)　　(12) miào(妙) － miù(谬)

(13) kè(课) － kù(裤)　　 (14) jǐ(几) － jiǔ(九)


4．発音されたピンインに○を付けなさい。（声調違いの聞き取り練習）

22

(1) gē(哥) － gè(各)　　　(2) huì(会) － huí(回)

(3) jiāo(焦) － jiǎo(脚)　(4) huà(话) － huá(滑)

(5) chù(处) － chū(出)　　(6) xiào(笑) － xiāo(消)

(7) dú(读) － dù(度)　　　(8) zhù(住) － zhǔ(主)

# 第3課　鼻母音

## 鼻母音（-n、-ngで終わる母音）

中国語には「ン」は2種類があります。

-n 舌先を上の歯ぐきにつけて「案内」の「アン」のように発音します。

-ng 舌先はどこにもつかず、「案外」の「アン」のように発音します。「-n」より鼻音が大きく響きます。

| (-n) 鼻母音 | an | en | in<br>(yin) | ian<br>(yan) | uan<br>(wan) | uen<br>(wen) | üan<br>(yuan) | ün<br>(yun) |
|---|---|---|---|---|---|---|---|---|
| (-ng) 鼻母音 | ang<br>ong | eng | ing<br>(ying) | iang<br>(yang) | uang<br>(wang) | ueng<br>(weng) | | |
| | iong<br>(yong) | | | | | | | |

※（　）内は子音がない時のつづり方。

※［uen］の前に子音が来る時、真ん中の［e］が消えます。例えば、h+uen → hūn（昏）

※日本語で［ン］で終わるものは「-n」となり、［ウ、イ］で終わるものは「-ng」となります。例えば、「飯（ハン）」は「fàn」となり、「放（ホウ）」は「fàng」となります。

**ドリル1**

(1) an → ān(安) án ǎn(俺) àn(案)
　　ang → āng(肮) áng(昂) ǎng àng(盎)

(2) en → ēn(恩) én ěn èn(摁)
　　eng → ēng(鞥) éng ěng èng

(3) in → yīn(音) yín(银) yǐn(饮) yìn(印)
　　ing → yīng(英) yíng(营) yǐng(影) yìng(硬)

(4) ian → yān(烟) yán(颜) yǎn(眼) yàn(燕)
　　iang → yāng(央) yáng(羊) yǎng(养) yàng(样)

(5) uan → wān(弯) wán(完) wǎn(晚) wàn(万)
　　uang → wāng(汪) wáng(王) wǎng(往) wàng(忘)

(6) uen → wēn(温) wén(文) wěn(稳) wèn(问)
　　ueng → wēng(翁) wéng wěng(蓊) wèng(瓮)

(7) üan → yuān(冤) yuán(元) yuǎn(远) yuàn(院)

(8) ün → yūn(晕) yún(云) yǔn(允) yùn(运)

(9) ong → gōng(工) góng gǒng(巩) gòng(共)
　　iong → yōng(拥) yóng(喁) yǒng(永) yòng(用)

**ドリル2**

(鼻母音の識別)

an－ang
  (1) fàn(饭) － fàng(放)　　(2) gān(干) － gāng(刚)
  (3) wán(完) － wáng(王)　　(4) bàn(半) － bàng(棒)

en－eng
  (5) pén(盆) － péng(朋)　　(6) fēn(分) － fēng(风)
  (7) zhēn(真) － zhēng(争)　　(8) gēn(根) － gēng(更)

in－ing
  (9) yīn(音) － yīng(英)　　(10) mín(民) － míng(名)
  (11) xìn(信) － xìng(姓)　　(12) jǐn(紧) － jǐng(景)

ian－iang
  (13) yán(言) － yáng(羊)　　(14) qián(钱) － qiáng(强)
  (15) nián(年) － niáng(娘)　　(16) jiǎn(简) － jiǎng(讲)

uan－uang
  (17) wǎn(晚) － wǎng(往)　　(18) guān(观) － guāng(光)
  (19) huán(还) － huáng(黄)　　(20) chuán(船) － chuáng(床)

üan－ün
  (21) yuán(元) － yún(云)　　(22) quán(全) － qún(裙)

uan－uen
  (23) chuān(川) － chūn(春)　　(24) zhuǎn(转) － zhǔn(准)

(子音の識別)

26
(25) sān(三) － shān(衫)　　(26) bàng(棒) － pàng(胖)
(27) chèn(趁) － zhèn(震)　　(28) kàn(看) － hàn(汉)
(29) xiān(先) － qiān(千)　　(30) pīn(拼) － bīn(宾)
(31) zhōng(中) － chōng(充)　(32) tōng(通) － dōng(东)
(33) sūn(孙) － cūn(村)　　　(34) dūn(蹲) － tūn(吞)
(35) zhuāng(装) － chuāng(窗) － shuāng(双)
(36) zhè(这) － chè(彻) － shè(射)

(綴り方の比較、uan (wan) とüan (yuan)、uen (wen) とün (yun))

27
(37) suàn(s+uàn)(算) － quàn(q+üàn)(劝)
(38) yuǎn(远) － wǎn(晚)
(39) xūn(x+ǖn)(薰) － chūn(ch+uēn)(春)
(40) wèn(问) － yùn(运)

# 第3課の練習問題

1. 発音されたピンインに〇を付けなさい。

28
（1）āng－ēng　　（2）ān－ēn　　（3）yín－yíng

（4）yǎn－yǎng　　（5）wēng－wēn　　（6）yuán－yún

（7）wàng－wàn　　（8）ōng－yōng　　（9）dèn－dèng

（10）quán－qún　　（11）jiàn－jiàng　　（12）hóng－hún

2. 発音されたピンインに〇を付けなさい。（発音違いの聞き取り練習）

29
（1）sān(三) － sāng(桑)　　（2）huán(环) － huáng(黄)

（3）lán(兰) － láng(狼)　　（4）dān(担) － dāng(当)

（5）nuǎn(暖) － luǎn(卵)　　（6）bēng(崩) － bīng(冰)

（7）zāng(脏) － zēng(增)　　（8）hén(痕) － héng(横)

（9）qīng(轻) － jīng(精)　　（10）tán(弹) － téng(疼)

3. 発音されたピンインに〇を付けなさい。（声調違いの聞き取り練習）

30
（1）shāng(伤) － shàng(上)

（2）wǎn(晚) － wàn(万)

（3）guāng(光) － guǎng(广)

（4）tiān(天) － tián(甜)

(5) tāng(汤) － táng(糖)

(6) jīng(经) － jǐng(景)

(7) cháng(常) － chǎng(厂)

(8) jūn(君) － jùn(骏)

4．発音を聞いて声調記号を付けなさい。

31　（1）zan(咱)　　　　（2）zang(脏)　　（3）luan(乱)

（4）shangzhou(上周)　（5）ziji(自己)　（6）pingguo(苹果)

5．発音を聞いて漢字の発音を表記するピンインを完成しなさい。

32　（1）参(c　)加(j　)　（2）蛋(　àn)糕(g　)

（3）旅(l　)行(x　)　（4）小(　iǎo)笼(l　)包(　āo)

（5）电(d　)脑(　ǎo)　（6）全(q　)国(g　)

（7）决(j　)定(d　)　（8）允(y　)许(x　)

（9）涮(sh　)羊(y　)肉(　òu)

（10）流(l　)水(sh　)　（11）否(f　)认(r　)

（12）刚(g　)强(q　)　（13）春(ch　)秋(　iū)

（14）黄(h　)灯(　ēng)　（15）放(f　)学(x　)

（16）列(l　)车(ch　)　（17）珊(　ān)瑚(　ú)

（18）狗(g　)熊(x　)

29

# 第4課　r化、"不"と"一"の変化

## 1．r化

"er"はそれだけで音節になるほか、他の音節の後に付くことがあり、それを「r化」と言います。ピンインの表記は"e"を取って"r"のみ付けます。特にn、iに付くと発音は完全に変わります。特に基準はなく習慣に基づいて「r化」されます。例えば、huā（花）→ huār（花儿）

### ドリル1

（1）～（3）は"er"だけで音節になる。（4）～（12）は（r化）

（1）értóng（儿童）　　　　（2）nǚ'ér（女儿）
（3）ěrduo（耳朵）　　　　（4）xiǎoháir（小孩儿）
（5）niǎor（鸟儿）　　　　（6）huàr（画儿）
（7）gēr（歌儿）　　　　　（8）yǒukòngr（有空儿）
（9）wánr（玩儿）　　　　（10）běnr（本儿）
（11）wèir（味儿）　　　　（12）shìr（事儿）

## 2．隔音記号

「a、o、e」は他の音節の後に来る場合、前後の音節の切れ目をはっきりするため、隔音記号「'」を入れます。

例えば、Xī'ān（西安）、yīng'ér（婴儿）、yòu'éryuán（幼儿园）

## 3. "不"の声調変化

"不"は直後に来る声調に応じて声調が変化します。本来第4声であり、その後ろに4声が来るとき"不"は第2声に変わりますが、その他では変化しません。

例えば、不吃（bù chī）、不忙（bù máng）、不好（bù hǎo）、不会（bú huì）

## 4. "一"の声調変化

"一"は本来第1声で、順序を表す数として使うときは第1声で発音しますがその他は"不"と同じように変化します。

例えば、第一课（dì yī kè）、一千（yìqiān）、一年（yìnián）、一百（yìbǎi）、一万（yíwàn）

### ドリル2

（"不"と"一"の練習）

（1）bù shuō（不说）　　　　（2）bù nán（不难）
（3）bù mǎi（不买）　　　　（4）búcuò（不错）
（5）yīyuè（一月）　　　　（6）yì tiān（一天）
（7）yì běn（一本）　　　　（8）yígòng（一共）

### ドリル3

**35** （漢詩を朗読）

春晓 Chūn xiǎo　　　孟浩然 Mèng Hàorán

Chūn mián bù jué xiǎo,　chù chù wén tí niǎo.
春　眠　不　觉　晓，　处　处　闻　啼　鸟。

Yè lái fēng yǔ shēng,　huā luò zhī duō shǎo.
夜来　风　雨　声，　花　落　知　多　少。

春眠暁を覚えず、あちらこちらから鳥のさえずりが聞こえる。
昨晩は雨風の音がしたが、いったいどれだけの花が散ったことだろう。

## 母音総表

| 単母音 | a | o | e | i<br>(yi) | u<br>(wu) | ü<br>(yu) | er<br>(そり舌母音) | |
|---|---|---|---|---|---|---|---|---|
| 二重母音 | ai | ei | ao | ou | ia<br>(ya) | ie<br>(ye) | ua<br>(wa) | uo<br>(wo) | üe<br>(yue) |
| 三重母音 | iao<br>(yao) | iou<br>(you) | uai<br>(wai) | uei<br>(wei) | | | | |
| [-n]<br>鼻母音 | an | en | in<br>(yin) | ian<br>(yan) | uan<br>(wan) | uen<br>(wen) | üan<br>(yuan) | ün<br>(yun) |
| [-ng]<br>鼻母音 | ang | eng | ing<br>(ying) | iang<br>(yang) | uang<br>(wang) | ueng<br>(weng) | ong | iong<br>(yong) |

## 声調組み合わせの練習

| | 第1声 | 第2声 | 第3声 | 第4声 | 軽声 |
|---|---|---|---|---|---|
| 第1声 | 东京<br>Dōngjīng | 中国<br>Zhōngguó | 香港<br>Xiānggǎng | 深圳<br>Shēnzhèn | 家里<br>jiāli |
| 第2声 | 杭州<br>Hángzhōu | 韩国<br>Hánguó | 台北<br>Táiběi | 重庆<br>Chóngqìng | 房子<br>fángzi |
| 第3声 | 北京<br>Běijīng | 美国<br>Měiguó | 广岛<br>Guǎngdǎo | 武汉<br>Wǔhàn | 馆子<br>guǎnzi |
| 第4声 | 亚洲<br>Yàzhōu | 桂林<br>Guìlín | 日本<br>Rìběn | 印度<br>Yìndù | 地方<br>dìfang |

# 第4課の練習問題

1．発音を聞いて声調記号を付けなさい。（"不"と"一"の練習問題）

37　（1）bu ji（不急）　　（2）bu hao（不好）　　（3）bu chi（不吃）

　　（4）bu shui（不睡）　（5）yi zhi（一只）　　（6）yi tou（一头）

　　（7）yi wei（一位）　　（8）yiyue（一月）　　（9）yibai（一百）

2．発音されたピンインに○を付けなさい。（発音違いの聞き取り練習）

38　（1）qín（琴）－ qiáng（强）　　（2）shào（少）－ xiào（笑）

　　（3）jiào（叫）－ zhào（照）　　（4）qiáo（桥）－ cháo（朝）

　　（5）sì（四）－ shí（十）　　　（6）yuè（乐）－ yǔ（语）

　　（7）yàn（燕）－ yàng（样）　　（8）chī（吃）－ zhī（知）

　　（9）bā（八）－ bō（波）　　　（10）mó（魔）－ má（麻）

　　（11）kēi（剋）－ kāi（开）　　（12）kǒu（口）－ gǒu（狗）

3．発音されたピンインに○を付けなさい。（声調違いの聞き取り練習）

39　（1）kě（可）－ kè（课）　　　（2）xià（下）－ xiá（霞）

　　（3）ràng（让）－ rǎng（壤）　（4）xué（学）－ xuè（血）

　　（5）pēn（喷）－ pén（盆）　　（6）dōng（东）－ dòng（动）

　　（7）yīng（英）－ yǐng（影）　（8）jiù（救）－ jiǔ（酒）

(9) dōngxī(东西) － dōngxi(东西)

(10) dìfang(地方) － dìfāng(地方)

4．次の子音と母音の組み合わせを正しく書きなさい。

(1) x ＋ ü →          (2) l ＋ iou →

(3) j ＋ üe →         (4) sh ＋ uei →

(5) k ＋ uen →        (6) q ＋ üe →

(7) ch ＋ uen →       (8) x ＋ ün →

(9) q ＋ üan →        (10) s ＋ uen →

5．ピンインの間違い表記を改めなさい。

(1) shǔi          (2) laí          (3) xìe

(4) lióu          (5) xüé          (6) zǔo

# 練習問題（レベル１）

　正しい発音を身につけるには、発音を口でまねて練習すると同時に耳による聞き取り練習も不可欠です。特にこの段階では長文リスニングのような前後の内容による推測力をつけるわけではなく、一つ一つ音節の発音と声調を正確に識別する力を訓練しなければなりません。正しく聞き取りできなければ、正確な発音も困難です。このため本書はレベル１、レベル２の聞き取り練習問題を設けました。まず比較的容易なレベル１の練習問題から始めましょう。

　このレベルでは、ピンインを見ながら紛らわしい発音や声調の識別が聞き取れることを目指しています。声調及び発音を識別する練習問題を８セット用意しました。繰り返し聞くことによって必ず効果が上げられます。

# 練習問題（1）

**1. 発音されたピンインに○を付けなさい。（声調違い）**

40

（1）dàxuě（大雪）－ dàxué（大学）

（2）jīnnián（今年）－ jìnnián（近年）

（3）yǐwài（以外）－ yìwài（意外）

（4）yīwù（衣物）－ yìwù（义务）

（5）bù mǎi（不买）－ bú mài（不卖）

**2. 発音されたピンインに○を付けなさい。（発音違い）**

41

（1）túshū（图书）－ dúshū（读书）

（2）sēnlín（森林）－ shānlín（山林）

（3）qiāoqiāo（悄悄）－ shāoshāo（稍稍）

（4）shuàixiān（率先）－ shuāxīn（刷新）

（5）bāozi（包子）－ bàozhǐ（报纸）

3．発音されたピンインに○を付けなさい。

(1) (a) kǔxīn　　　(b) kǒuxiāng　　　(c) kěxíng

(2) (a) jiùxì　　　(b) jìxù　　　(c) jùxiè

(3) (a) dǎlǎo　　　(b) dǎrǎo　　　(c) dǎjiǎo

(4) (a) shénme　　　(b) shénmì　　　(c) chénmò

(5) (a) kěnqǐng　　　(b) kùnjiǒng　　　(c) hūnjūn

# 練習問題（2）

**1．発音されたピンインに○を付けなさい。（声調違い）**

（1）gèzi（个子）－ gèzì（各自）

（2）nǎr（哪儿）－ nàr（那儿）

（3）yǎnjìng（眼镜）－ yǎnjing（眼睛）

（4）chéngshí（诚实）－ chéngshì（城市）

（5）zhòngyào（重要）－ zhōngyào（中药）

**2．発音されたピンインに○を付けなさい。（発音違い）**

（1）xiūxi（休息）－ xiāoxi（消息）

（2）yuánliàng（原谅）－ yuánliào（原料）

（3）zhuànqián（赚钱）－ zhèngqián（挣钱）

（4）yīnyuè（音乐）－ Yīngyǔ（英语）

（5）míngtiān（明天）－ měitiān（每天）

3．発音されたピンインに○を付けなさい。

(1) (a) lánhuò　　(b) ránhòu　　(c) yánhào

(2) (a) shūhu　　(b) shūfu　　(c) xiūfú

(3) (a) zuòmèng　　(b) còumòng　　(c) zùmèn

(4) (a) huángchá　　(b) húnqiá　　(c) hóngchá

(5) (a) hǎomǎ　　(b) hàomǎ　　(c) hǎoma

# 練習問題（3）

1．発音されたピンインに○を付けなさい。(声調違い)

46

（1）jiāojì（交際）－ jiāojí（焦急）

（2）huàxué（化学）－ huáxuě（滑雪）

（3）xiàohua（笑话）－ xiāohuà（消化）

（4）dúzì（独自）－ dùzi（肚子）

（5）búxiè（不谢）－ bù xiě（不写）

2．発音されたピンインに○を付けなさい。(発音違い)

47

（1）xìngqù（兴趣）－ shēngqì（生气）

（2）hūrán（忽然）－ tūrán（突然）

（3）chúfáng（厨房）－ shūfáng（书房）

（4）liángshuǐ（凉水）－ lěngshuǐ（冷水）

（5）jiāli（家里）－ zhèli（这里）

3．発音されたピンインに○を付けなさい。

(1) (a) kǎlíng　　　(b) kǔlín　　　(c) kělián

(2) (a) nánguò　　　(b) nénggòu　　　(c) nónggù

(3) (a) nuǎnhuo　　　(b) nuǎnhé　　　(c) ruǎnhu

(4) (a) zhǔnpèi　　　(b) jùnbǔ　　　(c) zhǔnbèi

(5) (a) chàngpiàn　　　(b) chǎnpǐn　　　(c) chéngpǐn

# 練習問題（４）

1. 発音されたピンインに○を付けなさい。（声調違い）

    49

    （１）dàdì（大地）— dǎdī（打的）

    （２）qìchē（汽车）— qíchē（骑车）

    （３）hēshuǐ（喝水）— héshuǐ（河水）

    （４）jiàoshì（教室）— jiàoshī（教师）

    （５）jīnglì（精力）— jīnglǐ（经理）

2. 発音されたピンインに○を付けなさい。（発音違い）

    50

    （１）jùchǎng（剧场）— jīchǎng（机场）

    （２）qiàrú（恰如）— jiǎrú（假如）

    （３）huìjù（会聚）— kuàiji（会计）

    （４）huàishì（坏事）— guàishì（怪事）

    （５）bù néng（不能）— bù nán（不难）

3．発音されたピンインに○を付けなさい。

(1) (a) tuìhuàn　　(b) dèihuàng　　(c) duìhuàn

(2) (a) tiáopí　　(b) diàopí　　(c) diāobí

(3) (a) qiánxī　　(b) qiānxū　　(c) quānqū

(4) (a) déliǎo　　(b) tiělù　　(c) diēluò

(5) (a) zànlǔ　　(b) zánliǎ　　(c) zánjiā

# 練習問題（5）

**52**

1. 発音されたピンインに○を付けなさい。（声調違い）

（1）zìyóu（自由）－ zìyòu（自幼）

（2）xiāoshī（消失）－ xiǎoshí（小时）

（3）yánsè（颜色）－ yǎnsè（眼色）

（4）jiàngjià（降价）－ jiǎngjià（讲价）

（5）zǔzhī（组织）－ zǔzhǐ（阻止）

**53**

2. 発音されたピンインに○を付けなさい。（発音違い）

（1）shùnfēng（顺风）－ chūnfēn（春分）

（2）sūnnǚ（孙女）－ suānnǎi（酸奶）

（3）juémiè（绝灭）－ juémiào（绝妙）

（4）zhòngjiǎng（中奖）－ chōngjǐng（憧憬）

（5）gèrén（个人）－ kèrén（客人）

3．発音されたピンインに○を付けなさい。

（1）(a) guāngróng　　(b) guānglóng　　(c) guāngyóng

（2）(a) wēnróu　　(b) wēnlóu　　(c) wēiróng

（3）(a) dēnpào　　(b) dēngpà　　(c) dēngbào

（4）(a) túnjī　　(b) tūnjí　　(c) dūnzi

（5）(a) zēngjīng　　(b) céngjīng　　(c) cénjīn

# 練習問題（6）

1. 発音されたピンインに○を付けなさい。（声調違い）

   **55**

   （1）jiéshù（结束）－ jièshū（借书）

   （2）zhīshi（知识）－ zhǐshì（只是）

   （3）máoyī（毛衣）－ màoyì（贸易）

   （4）gàosu（告诉）－ gāosù（高速）

   （5）liánxì（联系）－ liànxí（练习）

2. 発音されたピンインに○を付けなさい。（発音違い）

   **56**

   （1）miànqián（面前）－ miǎnqiǎng（勉强）

   （2）dǎqiú（打球）－ dàqiáo（大桥）

   （3）nàixīn（耐心）－ nèixīn（内心）

   （4）Xīhú（西湖）－ xīfú（西服）

   （5）zījīn（资金）－ jījīn（基金）

3．発音されたピンインに○を付けなさい。

（1） (a) jiéhūn　　　　(b) júhóng　　　　(c) juéhūn

（2） (a) mǔhuǒ　　　　(b) měihǎo　　　　(c) méihǒu

（3） (a) rúguǒ　　　　(b) lúhé　　　　　(c) yǔgǒu

（4） (a) héchàng　　　(b) háqiàng　　　　(c) huózhàng

（5） (a) chuánshuō　　(b) zhuǎnshǒu　　　(c) zūnshǒu

# 練習問題（7）

1. 発音されたピンインに○を付けなさい。（声調違い）

　　（1）xiānyàn（鲜艳）— xiǎnyǎn（显眼）

　　（2）zhíqián（值钱）— zhīqián（之前）

　　（3）měilì（美丽）— mèilì（魅力）

　　（4）xíngshǐ（行驶）— xíngshì（形式）

　　（5）chángcháng（常常）— chángchang（尝尝）

2. 発音されたピンインに○を付けなさい。（発音違い）

　　（1）bùtóng（不同）— pǔtōng（普通）

　　（2）wǎnshang（晚上）— wǎngshang（网上）

　　（3）zhùyuàn（住院）— chūyuàn（出院）

　　（4）xīnnián（新年）— xīnniáng（新娘）

　　（5）lǚyóu（旅游）— lǐyóu（理由）

3．発音されたピンインに○を付けなさい。

(1) (a) mòshōu　　(b) méixiū　　(c) méishuō

(2) (a) chénzháo　(b) chénzhuó　(c) chéngzhe

(3) (a) chuánrǎn　(b) cánrěn　　(c) zhuànlǎn

(4) (a) shénme　　(b) zhème　　(c) zěnme

(5) (a) múqiú　　(b) mòxiě　　(c) móuqiú

# 練習問題（8）

1．発音されたピンインに○を付けなさい。（声調違い）

61

（1）gāngbǐ（钢笔）－ gǎngbì（港币）

（2）fāqiú（发球）－ fáqiú（罚球）

（3）gǔshì（股市）－ gùshi（故事）

（4）huòchē（货车）－ huǒchē（火车）

（5）zuówǎn（昨晚）－ zuòwán（作完）


2．発音されたピンインに○を付けなさい。（発音違い）

62

（1）húzi（胡子）－ hóuzi（猴子）

（2）jìjié（季节）－ jùjué（拒绝）

（3）jīnyú（金鱼）－ jīngyú（鲸鱼）

（4）zájì（杂技）－ zázhì（杂志）

（5）xīwàng（希望）－ shīwàng（失望）

3．発音されたピンインに○を付けなさい。

(1) (a) péibàn　　(b) bèipàn　　(c) páibǎn

(2) (a) zànguì　　(b) cánhuì　　(c) cánkuì

(3) (a) láizì　　(b) lánjì　　(c) léizù

(4) (a) làngfèi　　(b) luànfēi　　(c) làohèi

(5) (a) shuǐchéng　　(b) suícóng　　(c) zuǐchòu

# 練習問題（レベル２）

　このレベルは一歩進んで、声調や発音の識別力をさらに上げるために、紛らわしい母音や子音を分けて聞きながら書き取る練習問題を用意しただけではなく、さらに声調や発音の間違い探し問題も用意しました。この８セットの練習問題を通じて、聞き取り、書き取り力をいっそうあげましょう。

# 練習問題（1）

1．発音を聞いて声調記号を付けなさい。（"不"と"一"の練習問題）

（1）bu da bu xiao（不大不小）

（2）bu leng bu re（不冷不热）

（3）yi mu yi yang（一模一样）

（4）yi dong bu dong（一动不动）

2．発音を聞いて漢字にピンインを付けなさい。（母音が違う）

（1）尬 － 各　　（2）默 － 目　　（3）破 － 瀑

（4）次 － 册　　（5）晒 － 射　　（6）耍 － 舍

（7）握 － 饿　　（8）图 － 提　　（9）密 － 灭

（10）日 － 锐　　（11）努 － 女　　（12）否 － 府

（13）鹿 － 漏　　（14）独 － 夺　　（15）组 － 嘴

3．発音を聞いてピンインに間違いがあれば直しなさい。

（1）guāng　　　（2）xù　　　　（3）zhǔ

（4）piān　　　　（5）shān　　　（6）fā

（7）mài　　　　（8）wǎng　　　（9）héng

（10）tāng　　　（11）shuài　　　（12）sā

# 練習問題（２）

**1．発音された子音を書きなさい。**

67

(1) 　-ā　　(2) 　-ó　　(3) 　-é　　(4) 　-ǎi

(5) 　-òng　(6) 　-áo　(7) 　-óu　(8) 　-àn

(9) 　-én　(10) 　-àng


**2．発音を聞いて漢字にピンインを付けなさい。（母音が違う）**

68

(1) 绿 － 略　　(2) 区 － 缺　　(3) 女 － 纽

(4) 律 － 六　　(5) 改 － 给　　(6) 累 － 烈

(7) 被 － 别　　(8) 黑 － 灰　　(9) 缀 － 这

(10) 抛 － 剖　(11) 够 － 告　(12) 鸟 － 脑

(13) 劳 － 聊　(14) 多 － 都　(15) 走 － 左

3．発音を聞いてピンインに間違いがあれば直しなさい。

（1）shùnshù　　（2）qióngmāo　　（3）gōngzī

（4）lǒngmiàn　　（5）zǒuyòu　　（6）kōufēi

（7）xítáng　　（8）dāngxīn　　（9）chénzhǎng

（10）cānkù　　（11）dēnjì　　（12）cáichǎng

# 練習問題（3）

1. 発音された子音を書きなさい。

(1) -ēng　(2) -ǒng　(3) -ì　(4) -ià

(5) -iào　(6) -uāi　(7) -uì　(8) -uān

(9) -ùn　(10) -uáng


2. 発音を聞いて漢字にピンインを付けなさい。（母音が違う）

(1) 列 － 掠　　(2) 雪 － 写　　(3) 抓 － 桌

(4) 锅 － 瓜　　(5) 坐 － 最　　(6) 劝 － 确

(7) 悬 － 学　　(8) 雕 － 丢　　(9) 柳 － 了

(10) 回 － 怀　(11) 拽 － 坠　(12) 堆 － 端

(13) 船 － 垂　(14) 棍 － 贵　(15) 锐 － 润

3．発音を聞いてピンインに間違いがあれば直しなさい。

（1）yōng　　　　（2）huì　　　　（3）guò

（4）jiào　　　　（5）xì　　　　　（6）shuā

（7）zái　　　　 （8）nào　　　　（9）nuò

（10）pán　　　 （11）sì　　　　 （12）chuàn

## 練習問題（4）

**1．発音された子音を書きなさい。**

73

（1）　-íng　　（2）　-uǒ　　（3）　-ǔ　　（4）　-uà

（5）　-ióng　（6）　-iě　　（7）　-iù　　（8）　-ián

（9）　-ǐn　　（10）　-iáng

**2．発音を聞いて漢字にピンインを付けなさい。（母音が違う）**

74

（1）站 － 丈　　（2）寒 － 行　　（3）男 － 囊

（4）人 － 然　　（5）粉 － 反　　（6）梦 － 慢

（7）烂 － 愣　　（8）展 － 肿　　（9）农 － 南

（10）跟 － 刚　（11）忙 － 门　（12）糖 － 疼

（13）当 － 东　（14）嫩 － 能　（15）声 － 深

3．発音を聞いてピンインに間違いがあれば直しなさい。

(1) zhào　　　　(2) kǎ　　　　　(3) zhuō

(4) ér　　　　　(5) tǐng　　　　(6) xué

(7) Jīngjì　　　(8) gāoxìng　　　(9) ruán

(10) ní　　　　 (11) biě　　　　 (12) cēng

# 練習問題（5）

**76**

1．発音された子音を書きなさい。

(1)　-ùn　　(2)　-uè　　(3)　-ǐ　　(4)　-ì

(5)　-üè　　(6)　-ǔ　　(7)　-uǎn　(8)　-ùn

(9)　-ì　　(10)　-ě

**77**

2．発音を聞いて漢字にピンインを付けなさい。（母音が違う）

(1) 容 － 仍　　(2) 更 － 共　　(3) 拢 － 冷

(4) 瓶 － 频　　(5) 宾 － 兵　　(6) 零 － 林

(7) 浅 － 寝　　(8) 免 － 敏　　(9) 见 － 进

(10) 娘 － 您　(11) 香 － 心　(12) 印 － 运

(13) 金 － 君　(14) 静 － 降　(15) 两 － 领

3．発音を聞いてピンインに間違いがあれば直しなさい。

**78**

(1) bùcuò　　　(2) zálèn　　　(3) shíhou

(4) sūntōu　　　(5) yìwàn　　　(6) tánhuà

(7) shuǎnglěng　　(8) piāoyáng　　(9) bǎwù

(10) kàpìn　　　(11) kěngdìng　　(12) cāncī

# 練習問題（6）

**79**

1．発音された母音を書きなさい。

(1) l-　　　(2) p-　　　(3) m-　　　(4) z-

(5) d-　　　(6) s-　　　(7) s-　　　(8) h-

(9) g-　　　(10) k-

**80**

2．発音を聞いて漢字にピンインを付けなさい。（母音が違う）

(1) 农 － 凝　　(2) 连 － 凉　　(3) 显 － 选

(4) 裙 － 前　　(5) 拴 － 霜　　(6) 撞 － 赚

(7) 乱 － 论　　(8) 同 － 团　　(9) 恐 － 款

(10) 充 － 窗　　(11) 孙 － 松　　(12) 宣 － 薰

(13) 均 － 捐　　(14) 旬 － 熊　　(15) 穷 － 群

3．発音を聞いてピンインに間違いがあれば直しなさい。

(1) jiàkēng　　　　(2) yíngháng　　　　(3) néngyè

(4) xìnxīng　　　　(5) zhèngqiǎo　　　(6) shùnbiàn

(7) bīngbāng　　　(8) miǎotiáo　　　　(9) sōuqiá

(10) nákāi　　　　 (11) kēnqiāng　　　 (12) zuānxīn

# 練習問題（7）

**82**

1. 発音された母音を書きなさい。

　(1) sh-　　　(2) j-　　　(3) q-　　　(4) t-

　(5) zh-　　　(6) ch-　　　(7) sh-　　　(8) r-

　(9) z-　　　(10) c-

**83**

2. 発音を聞いて漢字にピンインを付けなさい。（子音が違う）

　(1) 跳 － 调　　(2) 瀑 － 布　　(3) 滚 － 捆

　(4) 姐 － 且　　(5) 摘 － 差　　(6) 册 － 仄

　(7) 染 － 懒　　(8) 足 － 竹　　(9) 村 － 春

　(10) 少 － 扫　　(11) 含 － 凡　　(12) 盟 － 逢

3．発音を聞いて漢字にピンインを付けなさい。

（1）运用　　　　（2）宿舍　　　　（3）合乎

（4）荷花　　　　（5）合伙　　　　（6）擦车

（7）各国　　　　（8）体贴　　　　（9）自助

（10）预约　　　（11）由于　　　（12）忧虑

（13）月夜　　　（14）火花　　　（15）推脱

（16）现象　　　（17）忍让　　　（18）疼痛

# 練習問題（8）

**85**

1．発音された母音を書きなさい。

(1) k-　　　(2) k-　　　(3) t-　　　(4) t-

(5) p-　　　(6) d-　　　(7) h-　　　(8) k-

(9) j-　　　(10) sh-　　(11) q-　　　(12) ch-

**86**

2．発音を聞いて漢字にピンインを付けなさい。（子音が違う）

(1) 内 － 累　　　　　(2) 虐 － 略

(3) 弱 － 诺　　　　　(4) 软 － 暖

(5) 扰 － 脑　　　　　(6) 虎 － 苦 － 古

(7) 今 － 亲 － 新　　(8) 说 － 戳 － 桌

(9) 菜 － 在 － 赛　　(10) 岁 － 脆 － 最

(11) 赞 － 灿 － 散　　(12) 宗 － 聪 － 松

**87**

3．発音を聞いて漢字にピンインを付けなさい。

(1) 长城　　　(2) 形象　　　(3) 骨骼

(4) 崎岖　　　(5) 挥霍　　　(6) 元月

(7) 顺水　　(8) 全线　　(9) 怨言

(10) 红黄　　(11) 中专　　(12) 宽旷

(13) 云烟　　(14) 黄昏　　(15) 宣传

(16) 其次　　(17) 机智　　(18) 实习

**チャレンジ問題**

4．発音を聞きながら、ピンインの間違いを改めなさい。

Bōshuǐjié shì Dǎizú de chuándǒng jiélì, dàyuē zài sìyuè zhōngxióng, yìbān chíxù sān dào wǔ tiān. Jiélìli,Dǎizú de nánnǚ lǎoxiào dōu yào chuānshang jiélì shèngzhuāng, fùxiāng bōshuǐ, yǔ zhùfú zài xīng de yì nián li xìngfú、kuàilè. Chú cǔ zhī wài、hái yǒu sài lóngzhāo dǒng gèzhǒng gèyàng de hóudòng. Míngnián dàole Bōshuǐjié de shíhou、duō yǒu hěn duō Zhōngwài yóukà wèile hé Dǎizúrén gòngtù jiélì, tèyì láidào Wénnán Xīshuāngbǎnnà, tāmen bǎ zhè xìwéi yìshēngzhōng nánwàng de jīnglǐ.

## 中国語音節表

| 子音\母音 | a | o | e | -i 「ㄭ」 | -i 「ㄭ」 | er | ai | ei | ao | ou | an | en | ang | eng | ong | i / yi | ia / ya | iao / yao | ie / ye |
|---|---|---|---|---|---|---|---|---|---|---|---|---|---|---|---|---|---|---|---|
| b | ba | bo | | | | | bai | bei | bao | | ban | ben | bang | beng | | bi | | biao | bie |
| p | pa | po | | | | | pai | pei | pao | pou | pan | pen | pang | peng | | pi | | piao | pie |
| m | ma | mo | me | | | | mai | mei | mao | mou | man | men | mang | meng | | mi | | miao | mie |
| f | fa | fo | | | | | | fei | | fou | fan | fen | fang | feng | | | | | |
| d | da | | de | | | | dai | dei | dao | dou | dan | den | dang | deng | dong | di | | diao | die |
| t | ta | | te | | | | tai | | tao | tou | tan | | tang | teng | tong | ti | | tiao | tie |
| n | na | | ne | | | | nai | nei | nao | nou | nan | nen | nang | neng | nong | ni | | niao | nie |
| l | la | | le | | | | lai | lei | lao | lou | lan | | lang | leng | long | li | lia | liao | lie |
| g | ga | | ge | | | | gai | gei | gao | gou | gan | gen | gang | geng | gong | | | | |
| k | ka | | ke | | | | kai | kei | kao | kou | kan | ken | kang | keng | kong | | | | |
| h | ha | | he | | | | hai | hei | hao | hou | han | hen | hang | heng | hong | | | | |
| j | | | | | | | | | | | | | | | | ji | jia | jiao | jie |
| q | | | | | | | | | | | | | | | | qi | qia | qiao | qie |
| x | | | | | | | | | | | | | | | | xi | xia | xiao | xie |
| zh | zha | | zhe | zhi | | | zhai | zhei | zhao | zhou | zhan | zhen | zhang | zheng | zhong | | | | |
| ch | cha | | che | chi | | | chai | | chao | chou | chan | chen | chang | cheng | chong | | | | |
| sh | sha | | she | shi | | | shai | shei | shao | shou | shan | shen | shang | sheng | | | | | |
| r | | | re | ri | | | | | rao | rou | ran | ren | rang | reng | rong | | | | |
| z | za | | ze | | zi | | zai | zei | zao | zou | zan | zen | zang | zeng | zong | | | | |
| c | ca | | ce | | ci | | cai | | cao | cou | can | cen | cang | ceng | cong | | | | |
| s | sa | | se | | si | | sai | | sao | sou | san | sen | sang | seng | song | | | | |
| | a | o | e | -i | -i | er | ai | ei | ao | ou | an | en | ang | eng | ong | i | ia | iao | ie |

| iou -iu | ian | in | iang | ing | iong | u | ua | uo | uai | uei -ui | uan | uen -un | uang | ueng | ü | üe | üan | ün |
|---|---|---|---|---|---|---|---|---|---|---|---|---|---|---|---|---|---|---|
| you | yan | yin | yang | ying | yong | wu | wa | wo | wai | wei | wan | wen | wang | weng | yu | yue | yuan | yun |
| | bian | bin | | bing | | bu | | | | | | | | | | | | |
| | pian | pin | | ping | | pu | | | | | | | | | | | | |
| miu | mian | min | | ming | | mu | | | | | | | | | | | | |
| | | | | | | fu | | | | | | | | | | | | |
| diu | dian | | | ding | | du | | duo | | dui | duan | dun | | | | | | |
| | tian | | | ting | | tu | | tuo | | tui | tuan | tun | | | | | | |
| niu | nian | nin | niang | ning | | nu | | nuo | | | nuan | | | | nü | nüe | | |
| liu | lian | lin | liang | ling | | lu | | luo | | | luan | lun | | | lü | lüe | | |
| | | | | | | gu | gua | guo | guai | gui | guan | gun | guang | | | | | |
| | | | | | | ku | kua | kuo | kuai | kui | kuan | kun | kuang | | | | | |
| | | | | | | hu | hua | huo | huai | hui | huan | hun | huang | | | | | |
| jiu | jian | jin | jiang | jing | jiong | | | | | | | | | | ju | jue | juan | jun |
| qiu | qian | qin | qiang | qing | qiong | | | | | | | | | | qu | que | quan | qun |
| xiu | xian | xin | xiang | xing | xiong | | | | | | | | | | xu | xue | xuan | xun |
| | | | | | | zhu | zhua | zhuo | zhuai | zhui | zhuan | zhun | zhuang | | | | | |
| | | | | | | chu | chua | chuo | chuai | chui | chuan | chun | chuang | | | | | |
| | | | | | | shu | shua | shuo | shuai | shui | shuan | shun | shuang | | | | | |
| | | | | | | ru | rua | ruo | | rui | ruan | run | | | | | | |
| | | | | | | zu | | zuo | | zui | zuan | zun | | | | | | |
| | | | | | | cu | | cuo | | cui | cuan | cun | | | | | | |
| | | | | | | su | | suo | | sui | suan | sun | | | | | | |
| iou | ian | in | iang | ing | iong | u | ua | uo | uai | uei | uan | uen | uang | ueng | ü | üe | üan | ün |

著者紹介
**戴暁旬**

電気通信大学大学院博士課程修了（工学博士）、電気通信大学助手、科学技術振興事業団特別研究員、会社員などを経て現在中国語講師

## 中国語発音徹底攻略ドリル（CD付）

2010.9.30 初版発行

発行者　井　田　洋　二

〒101-0062東京都千代田区神田駿河台3の7
発行所　電話03(3291)1676 FAX 03(3291)1675
振替00190-3-56669

株式会社　駿河台出版社

製版　㈱フォレスト／印刷　三友印刷㈱

http://www.e-surugadai.com

―― 駿河台出版社中国語参考書 ――

## カラー音節表による 中国語発音のすべて〈CD付〉
●中国語発音の悩みをわかりやすく解決することを目的とした発音テキストの決定版です。各音節グループをカラーで区別することでわかりやすくなっています。添付CDの音声に従い順を追って学習を進めると、最終的に「中国語音節表」をマスターできます。

■中野達 著
■B5/54頁　■定価1680円　■ISBN978-4-411-01889-2

## 中学英語でペラペラ中国語〈CD付〉
●英語を通して中国語を学ぶという視点から書かれています。中国語会話でよく使われ、応用範囲の広い文型を30にまとめ、全ての例文で比較対照しています。よく使われる表現を項目別にまとめているので、日中英の表現集としても利用できます。

■船田秀佳 著
■A5/292頁　■定価2415円　■ISBN978-4-411-03007-8

## 英語がわかれば中国語はできる〈CD付〉
●英語との対照言語学の視点から中国語を学ぶことを主眼にしています。中国語をわかりやすく学ぶには、英語の視点といったアプローチを取るのも効果的でしょう。中学程度の英語力があれば十分理解できるように書かれています。

■船田秀佳 著
■A5/272頁　■定価2415円　■ISBN978-4-411-01874-8

## 中国・ドラゴン百科 ここ一番で役立つ語彙・表現力 中国語ケータイブック
●短期留学・実のある旅行に対応！　とっさのひとことが身につく必携書。「基本の語彙と慣用表現」「場面による会話表現」を完全マスター！　役立つ「情報コーナー（交通手段・郵便・電話・買い物スポットほか）」をふんだんに盛り込み旅の知識を補えます。「スポーツ競技関連用語集」掲載。

■矢野光治 著
■A5変判/272頁　■定価1995円　■ISBN978-4-411-01979-0

## 聴くだけの中国語快速暗記単語帳999〈CD2枚付〉
―自然に身につく実用会話単語―
●CDを聴きながら、基本単語（人、物、場所、時間、数字など）とよく用いられる単語（食、飲み物、暮らし、病気、スポーツ、旅行、交通、郵便、など）をジャンル別に覚えられる。何度も繰り返し聴いて、その単語の意味をイメージし、単語の音と意味を習慣的に結びつけましょう。

■陳浩 著
■CD＋小冊子付　■定価1890円　■ISBN978-4-411-03031-3

### 日常会話で学ぶ中国語〈CD付〉
●「聞く」「話す」に重点をおいた、会話から入る学習書です。

■大内田三郎 著
■A5/224頁　■定価2415円　■ISBN978-4-411-03008-5

---

### 中国語日常・旅行会話STEP30〈CD付〉
●日常会話編と旅行会話編との２部構成です。実用性を重視する会話だけでなく、基礎的な語学力の養成にも役立ちます。

■陳浩／梁月軍／張継濱 著
■A5/152頁　■定価1680円　■ISBN978-4-411-01887-8

---

### 鍛えチャイナ会話力! これを中国語でどう言うの?〈CD2枚付〉
●生きた中国語表現を場面別に収録。自ら中国語を発信出来るよう、「日本語のアイデアを中国語ではどう表現するか」をテーマにしました。カタカナルビ付。CDには日本語と中国語が収録されています。

■船田秀佳 著
■B6/144頁　■定価1890円　■ISBN978-4-411-03046-7

---

### ２週間ですぐに話せる中国語〈CD付〉
●中国語学習に必要なポイントを整理し、中国語のしくみと基本表現を２週間で学べるよう工夫しました。

■船田秀佳 著
■A5/232頁　■定価2415円　■ISBN978-4-411-01884-7

---

### 聞く 話す 読む 基礎から着実に身につく中国語〈CD付〉
●中国語を使いこなすために必要な「聞く」「話す」「読む」「書く」という４つの技能をバランスよく学習できるよう配慮しました。

■大内田三郎 著
■A5/176頁　■定価2415円　■ISBN978-4-411-03010-8

第1弾
「日常生活篇」

## 新訂版 中国語リスニングチェック〈CD2枚付〉
「聞く」から「効く」へ

●豊富な練習を通じて、リスニング力をつけるための問題集です。使い方次第で学習者のレベルに応じて幅広く使え、中検4～3級のリスニング問題対策にも対応できるように配慮してあります。また、耳の訓練以外にも、語彙・文法などの面も強化できるように構成されています。

■徐迎新／竹島毅 著
■A5/166頁+48頁 ■定価2415円 ■ISBN978-4-411-03049-8

第2弾
「旅行・留学篇」

## 中国語リスニングマスター〈CD2枚付〉
「聞く」から「効く」へ

●豊富な練習を通じて、リスニング力をつけるための問題集です。若干高いレベルを設定し、リスニング力向上に悩む中、上級者に対応できるように構成されています。同時に読解力も養え、使い方次第で中検3～2級のリスニング問題対策にも効果的です。

■徐迎新／竹島毅 著
■A5/168頁+48頁 ■定価2520円 ■ISBN978-4-411-03028-3

第3弾
「日本・中国篇」

## 中国語リスニングステージ〈CD2枚付〉
「聞く」から「効く」へ

●豊富な練習を通じて、リスニング力をつけるための問題集です。若干高いレベルを設定し、リスニング力向上に悩む中、上級者に対応できるように構成されています。同時に読解力も養え、使い方次第で中検3～2級のリスニング問題対策にも効果的です。

■徐迎新／竹島毅 著
■A5/176頁+44頁 ■定価2520円 ■ISBN978-4-411-03040-5

第4弾
「春夏秋冬篇」

## 中国語リスニングシアター〈CD2枚付〉
「聞く」から「効く」へ

●豊富な練習を通じて、リスニング力をつけるための問題集です。若干高いレベルを設定し、リスニング力向上に悩む中、上級者に対応できるように構成されています。同時に読解力も養え、使い方次第で中検3～2級のリスニング問題対策にも効果的です。

■徐迎新／竹島毅 著
■A5/216頁+52頁 ■定価2625円 ■ISBN978-4-411-03048-1

## 中国語ワードチェック〈CD2枚付〉

●動詞・形容詞の中から特に頻度の高い158語を選び、その例文中に、約1000の動詞・形容詞を組み込み、効率よく学べるよう工夫。各種資格試験にも対応出来るよう配慮し、学習に役立つ付録も充実。応用力を伸ばすのに最適です。

■徐迎新／竹島毅 著
■A5/200頁 ■定価2415円 ■ISBN978-4-411-01883-0

━中国語検定用参考書━

## 中検合格のための傾向と対策　模擬試験・完全マスター〈CD付〉
■大内田三郎 著
- 2級　　A5/200頁　定価2625円　ISBN978-4-411-03044-3
- 3級　　A5/176頁　定価2415円　ISBN978-4-411-03041-2
- 4級　　A5/160頁　定価2415円　ISBN978-4-411-03042-9
- 準4級　A5/100頁　定価2205円　ISBN978-4-411-03043-6

## 3日間完成　中国語検定直前チェック
■船田秀佳 著
- これで差が出る！効率よく点数を上げるために、必要不可欠なポイントを徹底チェック！
- 2級　　B6/112頁　定価1680円　ISBN978-4-411-03033-7
- 3級　　B6/160頁　定価1680円　ISBN978-4-411-03022-1
- 4級　　B6/190頁　定価1680円　ISBN978-4-411-03023-8
- 準4級　B6/152頁　定価1575円　ISBN978-4-411-03024-5

## 中国語検定試験　━予想問題と解説━
中国語教育振興協会編
- 1級・準1級　A5/168頁　定価2625円　ISBN978-4-411-03016-0

## 中国語検定2級徹底攻略：筆記問題完全マスター
■戴暁旬 著
- 中国語検定2級の筆記問題の対策は、この一冊で完璧です。
- A5/272頁　定価2625円　ISBN978-4-411-01976-9

# 中国語発音徹底攻略ドリル

## 解　答　編

駿河台出版社

# 発音の基礎

## 第1課の練習問題

1. （1）yí　（2）wù　（3）ě　（4）yū　（5）ér　（6）ǎi
   （7）yē　（8）wò　（9）yuè　（10）yáo　（11）yǒu　（12）wēi

2. （1）yǐ（以）「～を，～で」　（2）yí（疑）「疑う」　（3）ài（爱）「愛する」
   （4）wá（娃）「子供」　（5）yà（亚）「劣る」　（6）yě（也）「～も」
   （7）yāo（腰）「腰」　（8）wéi（维）「保つ」　（9）wāi（歪）「歪んでいる」

3. （1）yù（育）「育てる」　（2）é（额）「額」　（3）yòu（右）「右」
   （4）wǒ（我）「私」　（5）yē（椰）「ヤシ」　（6）wèi（味）「味」
   （7）wūyú（乌鱼）「カムルチー（科の総称）」　（8）wúyí（无疑）「疑いない」
   （9）yǔyī（雨衣）「レインコート」　（10）yōuyù（优裕）「豊かだ」

4. （1）yí（疑）「疑う」　（2）ěr（耳）「耳」　（3）yú（鱼）「魚」
   （4）wài（外）「外」　（5）è（恶）「悪行」　（6）wū（屋）「家屋」
   （7）yā（鸭）「アヒル」　（8）wǔ（武）「武力」　（9）ái（癌）「がん」
   （10）wéi（围）「囲む」

## 第2課の練習問題

1. （1）lì（力）「力」　（2）chòu（臭）「臭い」　（3）shuǐ（水）「水」
   （4）yú（鱼）「魚」　（5）gāi（该）「～すべきだ」　（6）jú（局）「部分」
   （7）jì（计）「考え」　（8）hǎo（好）「よい」　（9）chí（迟）「遅い」
   （10）tuī（推）「押す」　（11）zhǐ（纸）「紙」　（12）tào（套）「カバー」

2. （1）pái（排）「並ぶ」　（2）pǎo（跑）「走る」　（3）tài（太）「とても」
   （4）dí（敌）「敵」　（5）kuò（括）「くくる」　（6）guà（挂）「掛ける」
   （7）qí（骑）「またがる」　（8）què（却）「かえって」
   （9）zhí（直）「まっすぐだ」　（10）chuī（吹）「吹く」　（11）cū（粗）「太い」
   （12）cuò（错）「正確でない」

3. （1）cā（擦）「こする」　（2）jué（决）「決める」　（3）lǔ（旅）「旅」
   （4）huǒ（火）「火」　（5）xiǎo（小）「小さい」　（6）xí（席）「席」
   （7）shāo（烧）「焼く」　（8）fā（发）「出す」　（9）nè（讷）「口べただ」

(10) děi（得）「必要だ」　(11) niè（聂）「姓」　(12) miù（谬）「誤り」
(13) kù（裤）「ズボン」　(14) jiǔ（九）「九」

4. (1) gè（各）「それぞれ」　(2) huí（回）「帰る」　(3) jiāo（焦）「焦げる」
 (4) huá（滑）「滑らかだ」　(5) chū（出）「出る」
 (6) xiào（笑）「笑う」　(7) dú（读）「読む」　(8) zhǔ（主）「主」

## 第3課の練習問題

1. (1) āng　(2) ēn　(3) yín　(4) yǎn　(5) wēng　(6) yuán
 (7) wàn　(8) yōng　(9) dèn　(10) quán　(11) jiàng　(12) hún

2. (1) sāng（桑）「桑」　(2) huáng（黄）「黄色（の）」
 (3) láng（狼）「狼」　(4) dān（担）「担ぐ」　(5) luǎn（卵）「卵」
 (6) bēng（崩）「崩れる」　(7) zēng（增）「増える」
 (8) héng（横）「横」　(9) qīng（轻）「軽い」　(10) téng（疼）「痛い」

3. (1) shāng（伤）「傷つける」　(2) wǎn（晚）「夜」
 (3) guǎng（广）「広い」　(4) tiān（天）「空」　(5) táng（糖）「糖」
 (6) jǐng（景）「景色」　(7) cháng（常）「普通の」　(8) jùn（骏）「駿馬」

4. (1) zán（咱）「私」　(2) zāng（脏）「汚い」　(3) luàn（乱）「乱れる」
 (4) shàngzhōu（上周）「先週」　(5) zìjǐ（自己）「自分」
 (6) píngguǒ（苹果）「リンゴ」

5. (1) 参(cān)加(jiā)「参加する」　(2) 蛋(dàn)糕(gāo)「ケーキ」
 (3) 旅(lǚ)行(xíng)「旅」
 (4) 小(xiǎo)笼(lóng)包(bāo)「小型の肉饅頭」
 (5) 电(diàn)脑(nǎo)「パソコン」　(6) 全(quán)国(guó)「全国」
 (7) 决(jué)定(dìng)「決定する」　(8) 允(yǔn)许(xǔ)「許す」
 (9) 涮(shuàn)羊(yáng)肉(ròu)「羊肉のしゃぶしゃぶ」
 (10) 流(liú)水(shuǐ)「流れる水」　(11) 否(fǒu)认(rèn)「否認する」
 (12) 刚(gāng)强(qiáng)「気丈だ」　(13) 春(chūn)秋(qiū)「春と秋」
 (14) 黄(huáng)灯(dēng)「黄信号」　(15) 放(fàng)学(xué)「放課」
 (16) 列(liè)车(chē)「列車」　(17) 珊(shān)瑚(hú)「珊瑚」
 (18) 狗(gǒu)熊(xióng)「クマ」

# 第4課の練習問題

1. （1）bù jí（不急）「急がない」　（2）bù hǎo（不好）「よくない」
   （3）bù chī（不吃）「食べない」　（4）bú shuì（不睡）「寝ない」
   （5）yì zhī（一只）「1匹」　（6）yì tóu（一头）「1頭」
   （7）yí wèi（一位）「1名」　（8）yīyuè（一月）「1月」
   （9）yìbǎi（一百）「百」

2. （1）qiáng（强）「強い」　（2）shào（少）「若い」
   （3）zhào（照）「照らす」　（4）cháo（朝）「向く」　（5）sì（四）「4」
   （6）yuè（乐）「音楽」　（7）yàng（样）「様子」　（8）chī（吃）「食べる」
   （9）bō（波）「波」　（10）mó（魔）「悪魔」　（11）kēi（剋）「叱る」
   （12）kǒu（口）「口」

3. （1）kè（课）「授業」　（2）xià（下）「下」　（3）rǎng（壤）「土」
   （4）xuè（血）「血」　（5）pén（盆）「鉢」　（6）dòng（动）「動く」
   （7）yǐng（影）「影」　（8）jiǔ（酒）「酒」　（9）dōngxī（东西）「東西」
   （10）dìfang（地方）「所」

4. （1）x + ü → xu　（2）l + iou → liu　（3）j + üe → jue
   （4）sh + uei → shui　（5）k + uen → kun　（6）q + üe → que
   （7）ch + uen → chun　（8）x + ün → xun　（9）q + üan → quan
   （10）s + uen → sun

5. （1）shǔi → shuǐ　（2）laí → lái　（3）xìe → xiè　（4）lióu → liú
   （5）xüé → xué　（6）zǔo → zuǒ

# 練習問題(レベル1)

## 練習問題(1)

1. (1) dàxuě(大雪)「大雪」　(2) jìnnián(近年)「近年」
   (3) yìwài(意外)「意外だ」　(4) yīwù(衣物)「服と身の回り品」
   (5) bú mài(不卖)「売らない」

2. (1) dúshū(读书)「読書をする」　(2) sēnlín(森林)「森林」
   (3) qiāoqiāo(悄悄)「こっそり」　(4) shuàixiān(率先)「率先する」
   (5) bàozhǐ(报纸)「新聞」

3. (1) (a) kǔxīn(苦心)「工夫」　(2) (b) jìxù(继续)「継続」
   (3) (b) dǎrǎo(打扰)「邪魔をする」　(4) (a) shénme(什么)「何」
   (5) (b) kùnjiǒng(困窘)「困っている」

## 練習問題(2)

1. (1) gèzì(各自)「各自」　(2) nǎr(哪儿)「どこ」
   (3) yǎnjing(眼睛)「目」　(4) chéngshí(诚实)「誠実だ」
   (5) zhōngyào(中药)「漢方薬」

2. (1) xiūxi(休息)「休む」　(2) yuánliàng(原谅)「許す」
   (3) zhuànqián(赚钱)「金を儲ける」　(4) yīnyuè(音乐)「音楽」
   (5) měitiān(每天)「毎日」

3. (1) (b) ránhòu(然后)「それから」　(2) (a) shūhu(疏忽)「おろそかにする」
   (3) (a) zuòmèng(做梦)「夢を見る」　(4) (c) hóngchá(红茶)「紅茶」
   (5) (b) hàomǎ(号码)「番号」

## 練習問題(3)

1. (1) jiāojì(交际)「交際」　(2) huáxuě(滑雪)「スキー」
   (3) xiàohua(笑话)「笑い話」　(4) dùzi(肚子)「お腹」
   (5) búxiè(不谢)「どういたしまして」

2.（1）xìngqù（兴趣）「興味」　（2）tūrán（突然）「突然」
　　（3）chúfáng（厨房）「厨房」　（4）lěngshuǐ（冷水）「生水」
　　（5）zhèli（这里）「ここ」

3.（1）(c) kělián（可怜）「可哀そう」　（2）(b) nénggòu（能够）「～できる」
　　（3）(a) nuǎnhuo（暖和）「暖かい」　（4）(c) zhǔnbèi（准备）「準備する」
　　（5）(b) chǎnpǐn（产品）「製品」

## 練習問題（4）

1.（1）dǎdī（打的）「タクシーに乗る」　（2）qíchē（骑车）「自転車に乗る」
　　（3）hēshuǐ（喝水）「水を飲む」　（4）jiàoshī（教师）「教師」
　　（5）jīnglǐ（经理）「支配者」

2.（1）jùchǎng（剧场）「劇場」　（2）qiàrú（恰如）「あたかも～のようだ」
　　（3）kuàijì（会计）「会計」　（4）guàishì（怪事）「奇妙な事」
　　（5）bù néng（不能）「できない」

3.（1）(c) duìhuàn（兑换）「両替する」　（2）(a) tiáopí（调皮）「腕白だ」
　　（3）(b) qiānxū（谦虚）「謙虚だ」　（4）(c) diēluò（跌落）「落ちる」
　　（5）(b) zánliǎ（咱俩）「私たち2人」

## 練習問題（5）

1.（1）zìyóu（自由）「自由だ」　（2）xiǎoshí（小时）「(時を数える単位) 時間」
　　（3）yánsè（颜色）「カラー」　（4）jiǎngjià（讲价）「値段を交渉する」
　　（5）zǔzhǐ（阻止）「阻止する」

2.（1）shùnfēng（顺风）「追い風」　（2）sūnnǚ（孙女）「孫娘」
　　（3）juémiè（绝灭）「絶滅する」　（4）chōngjǐng（憧憬）「あこがれる」
　　（5）gèrén（个人）「個人」

3.（1）(a) guāngróng（光荣）「光栄」　（2）(a) wēnróu（温柔）「やさしい」
　　（3）(c) dēngbào（登报）「新聞に載せる」
　　（4）(a) túnjī（屯积）「買いだめする」
　　（5）(b) céngjīng（曾经）「かつて」

## 練習問題（6）

1. （1）jiéshù（结束）「終わる」　（2）zhīshi（知识）「知識」
   （3）màoyì（贸易）「貿易」　（4）gāosù（高速）「高速」
   （5）liánxì（联系）「連絡する」

2. （1）miǎnqiǎng（勉强）「無理にさせる」　（2）dǎqiú（打球）「球技をする」
   （3）nèixīn（内心）「心の中」　（4）xīfú（西服）「背広」
   （5）zījīn（资金）「資金」

3. （1）(a) jiéhūn（结婚）「結婚する」　（2）(b) měihǎo（美好）「素晴らしい」
   （3）(a) rúguǒ（如果）「もしも」　（4）(a) héchàng（合唱）「合唱する」
   （5）(c) zūnshǒu（遵守）「遵守する」

## 練習問題（7）

1. （1）xiānyàn（鲜艳）「鮮やかで美しい」　（2）zhíqián（值钱）「値打ちがある」
   （3）měilì（美丽）「美しい」　（4）xíngshì（形式）「形式」
   （5）chángchang（尝尝）「味わう」

2. （1）bùtóng（不同）「異なる」　（2）wǎngshang（网上）「インターネット上」
   （3）zhùyuàn（住院）「入院する」　（4）xīnniáng（新娘）「新婦」
   （5）lǚyóu（旅游）「観光する」

3. （1）(a) mòshōu（没收）「没収する」
   （2）(b) chénzhuó（沉着）「落ち着いている」
   （3）(a) chuánrǎn（传染）「伝染する」　（4）(c) zěnme（怎么）「どうして」
   （5）(c) móuqiú（谋求）「はかる」

## 練習問題（8）

1. （1）gāngbǐ（钢笔）「万年筆」　（2）fāqiú（发球）「ボールをサーブする」
   （3）gùshi（故事）「物語」　（4）huǒchē（火车）「汽車」
   （5）zuòwán（作完）「やり終わる」

2．(1) hóuzi（猴子）「猿」　(2) jùjué（拒绝）「断る」
　　(3) jīnyú（金鱼）「金魚」　(4) zázhì（杂志）「雑誌」
　　(5) shīwàng（失望）「失望する」

3．(1)(a) péibàn（陪伴）「お供をする」
　　(2)(c) cánkuì（惭愧）「恥ずかしく思う」
　　(3)(a) láizì（来自）「～から来る」
　　(4)(a) làngfèi（浪费）「浪費する」
　　(5)(b) suícóng（随从）「つき従う」

# 練習問題 (レベル2)

## 練習問題 (1)

1. (1) bú dà bù xiǎo (不大不小)「大きくも小さくもない」
   (2) bù lěng bú rè (不冷不热)「寒くも暑くもない」
   (3) yì mú yí yàng (一模一样)「そっくりだ」
   (4) yí dòng bú dòng (一动不动)「少しも動かない」

2. 「a – e」、「o – u」、「e – i ( ㄧ )」、「e – ai」、「e – ua」、「e – uo」、「i – u」、「i – ie」、「i (ㄭ) – uei」、「u – ü」、「u – ou」、「u – uo」、「u – uei」の母音の違いに注意
   (1) 尬 gà「尴尬 gāngà ばつが悪い」と通常使われる。 – 各 gè「各」
   (2) 默 mò「黙る」 – 目 mù「目」
   (3) 破 pò「壊れる」 – 瀑 pù「滝」
   (4) 次 cì「回」 – 册 cè「冊」
   (5) 晒 shài「干す」 – 射 shè「撃つ」
   (6) 耍 shuǎ「遊ぶ」 – 舍 shě「捨てる」
   (7) 握 wò「握る」 – 饿 è「飢える」
   (8) 图 tú「図」 – 提 tí「ぶら提げる」
   (9) 密 mì「密」 – 灭 miè「消える」
   (10) 日 rì「太陽」 – 锐 ruì「鋭い」
   (11) 努 nǔ「努力する」 – 女 nǚ「女」
   (12) 否 fǒu「否定する」 – 府 fǔ「役所」
   (13) 鹿 lù「鹿」 – 漏 lòu「漏れる」
   (14) 独 dú「単独の」 – 夺 duó「奪う」
   (15) 组 zǔ「グループ」 – 嘴 zuǐ「口」

3. (1) guāng → guān (关)「閉める」　(2) xù → shù (树)「樹木」
   (3) zhǔ → jǔ (举)「挙げる」　(4) piān → biān (边)「周り」
   (5) shān → chuān (川)「川」　(6) fā → hā (哈)「息をはあと吐く」
   (7) mài → mǎi (买)「買う」　(8) wǎng → wǎn (晚)「夜」
   (9) héng → hén (痕)「跡」　(10) tāng → tān (摊)「広げる」
   (11) shuài → chuāi (踹)「しまう」　(12) 正解：sā (仨)「三つ、3人」

## 練習問題（2）

1. （1）bā　（2）pó　（3）dé　（4）shǎi　（5）sòng
　　（6）táo　（7）tóu　（8）zhàn　（9）rén　（10）tàng

2.「ü－üe」、「ü－iou」、「ai－ei」、「ei－ie」、「ei－uei」、「ao－ou」、「ao－iao」、「ou－uo」の母音の違いに注意
　（1）绿 lǜ「緑」－ 略 lüè「簡略だ」　（2）区 qū「区」－ 缺 quē「欠く」
　（3）女 nǚ「女」－ 纽 niǔ「ボタン」　（4）律 lǜ「規則」－ 六 liù「6」
　（5）改 gǎi「変わる」－ 给 gěi「あげる」
　（6）累 lèi「疲れる」－ 烈 liè「激しい」
　（7）被 bèi「布団」－ 别 biè「曲げる」　（8）黑 hēi「黒」－ 灰 huī「灰」
　（9）缀 zhuì「つづる」－ 这 zhèi「これ」
　（10）抛 pāo「投げる」－ 剖 pōu「切開する」
　（11）够 gòu「足りる」－ 告 gào「告げる」
　（12）鸟 niǎo「鳥」－ 脑 nǎo「脳」
　（13）劳 láo「働く」－ 聊 liáo「雑談する」
　（14）多 duō「多い」－ 都 dōu「すべて」
　（15）走 zǒu「歩く」－ 左 zuǒ「左」

3. （1）shùnshù → suànshù（算数）「算数」
　（2）qióngmāo → xióngmāo（熊猫）「パンダ」
　（3）gōngzī → gōngsī（公司）「会社」
　（4）lǒngmiàn → lěngmiàn（冷面）「冷麺」
　（5）zǒuyòu → zuǒyòu（左右）「ぐらい」
　（6）kōufēi → kāfēi（咖啡）「珈琲」
　（7）xítáng → shítáng（食堂）「食堂」
　（8）dāngxīn → dānshēn（单身）「独身」
　（9）chénzhǎng → chéngzhǎng（成长）「成長する」
　（10）cānkù → cāngkù（仓库）「倉庫」
　（11）dēnjì → dēngjù（灯具）「照明器具」
　（12）cáichǎng → cáichǎn（财产）「財産」

## 練習問題（3）

1. （1）zhēng　（2）gǒng　（3）tì　（4）jià　（5）xiào
　　（6）chuāi　（7）suì　（8）duān　（9）rùn　（10）kuáng

2. 「ie‐üe」、「ua‐uo」、「uo‐uei」、「üe‐üan」、「iao‐iou」、「uai‐uei」、「uei‐uan」、「uei‐uen」の母音の違いに注意
   (1) 列 liè「並ぶ」‐ 掠 lüè「奪う」　(2) 雪 xuě「雪」‐ 写 xiě「書く」
   (3) 抓 zhuā「つかむ」‐ 桌 zhuō「机」
   (4) 锅 guō「鍋」‐ 瓜 guā「瓜」
   (5) 坐 zuò「座る」‐ 最 zuì「最も」
   (6) 劝 quàn「すすめる」‐ 确 què「確かだ」
   (7) 悬 xuán「ぶら下がる」‐ 学 xué「学ぶ」
   (8) 雕 diāo「彫る」‐ 丢 diū「失う」
   (9) 柳 liǔ「柳」‐ 了 liǎo「終わる」
   (10) 回 huí「帰る」‐ 怀 huái「胸」
   (11) 拽 zhuài「引く」‐ 坠 zhuì「落ちる」
   (12) 堆 duī「積む」‐ 端 duān「持つ」
   (13) 船 chuán「船」‐ 垂 chuí「垂れる」
   (14) 棍 gùn「棒」‐ 贵 guì「貴重な」
   (15) 锐 ruì「鋭い」‐ 润 rùn「潤す」

3. (1) 正解：yōng（拥）「抱く」　(2) huì → fèi（费）「費用」
   (3) guò → hè（鹤）「鶴」　(4) jiào → zhào（照）「照らす」
   (5) xì → jì（计）「考え」　(6) shuā → chuā（欻）「ザッザッ」
   (7) zái → zéi（贼）「泥棒」　(8) nào → nòu（耨）「除草用の農具」
   (9) nuò → nuó（挪）「移す」　(10) pán → páng（旁）「他の」
   (11) sì → sù（速）「速い」　(12) chuàn → cuàn（窜）「逃げ回る」

### 練習問題（4）

1. (1) míng　(2) huǒ　(3) hǔ　(4) kuà　(5) qióng
   (6) jiě　(7) niù　(8) tián　(9) mǐn　(10) liáng

2. 「an‐ang」、「an‐en」、「an‐eng」、「an‐ong」、「ang‐en」、「ang‐eng」、「ang‐ong」、「en‐eng」の母音の違いに注意
   (1) 站 zhàn「立つ」‐ 丈 zhàng「長さの単位、1丈がやく3.3メートル」
   (2) 寒 hán「寒い」‐ 行 háng「行、列」
   (3) 男 nán「男」‐ 囊 náng「袋」
   (4) 人 rén「人」‐ 然 rán「そうだ」
   (5) 粉 fěn「粉」‐ 反 fǎn「反対」
   (6) 梦 mèng「夢」‐ 慢 màn「のろい」

— 11 —

(7) 烂 làn「やわらかい」 - 愣 lèng「ぽかんとする」
(8) 展 zhǎn「広げる」 - 肿 zhǒng「腫れる」
(9) 农 nóng「農業」 - 南 nán「南」
(10) 跟 gēn「～と」 - 刚 gāng「～したばかりだ」
(11) 忙 máng「忙しい」 - 门 mén「扉」
(12) 糖 táng「糖」 - 疼 téng「痛い」
(13) 当 dāng「～になる」 - 东 dōng「東」
(14) 嫩 nèn「若い」 - 能 néng「できる」
(15) 声 shēng「声」 - 深 shēn「深い」

3. (1) zhào → jiào（较）「比べる」 (2) kǎ → kě（渴）「喉が渇いている」
(3) zhuō → zhōu（周）「周り」 (4) ér → é（鹅）「ガチョウ」
(5) tǐng → tiě（铁）「鉄」 (6) xué → xié（鞋）「靴」
(7) Jīngjì → Jīngjù（京剧）「京劇」
(8) gāoxìng → guìxìng（贵姓）「お名前」
(9) ruán → ruá（挼）「しわになる」 (10) 正解：ní（泥）「泥」
(11) biě → piě（撇）「投げる」 (12) cēng → sēng（僧）「僧」

## 練習問題（5）

1. (1) lùn  (2) què  (3) chǐ  (4) zì  (5) nüè
   (6) xǔ  (7) juǎn  (8) jùn  (9) rì  (10) rě

2. 「eng - ong」、「in - ing」、「in - ian」、「in - iang」、「in - ün」、「ing - iang」の母音の違いに注意
   (1) 容 róng「入れる」 - 仍 réng「捨てる」
   (2) 更 gèng「さらに」 - 共 gòng「全部で」
   (3) 拢 lǒng「接近する」 - 冷 lěng「寒い」
   (4) 瓶 píng「瓶」 - 频 pín「しばしば」
   (5) 宾 bīn「客」 - 兵 bīng「兵士」
   (6) 零 líng「ゼロ」 - 林 lín「林」
   (7) 浅 qiǎn「浅い」 - 寝 qǐn「眠る」
   (8) 免 miǎn「免除する」 - 敏 mǐn「すばしこい」
   (9) 见 jiàn「会う」 - 进 jìn「入る」
   (10) 娘 niáng「母」 - 您 nín「あなたさま」
   (11) 香 xiāng「芳しい」 - 心 xīn「心」
   (12) 印 yìn「印」 - 运 yùn「運ぶ」

(13) 金 jīn「金」- 君 jūn「君主」
(14) 静 jìng「静かだ」- 降 jiàng「下がる」
(15) 两 liǎng「2」- 领 lǐng「襟」

3. (1) bùcuò → búcuò（不错）「すばらしい」
   (2) zálèn → zérèn（责任）「責任」
   (3) shíhou → shíhuò（识货）「物を見る目がある」
   (4) sūntōu → xūntáo（熏陶）「薫陶する」
   (5) yìwàn → yíwàn（一万）「1万」
   (6) 正解：tánhuà（谈话）「話をする」
   (7) shuǎnglěng → shuǎnglǎng（爽朗）「さわやかだ」
   (8) piāoyáng → biǎoyáng（表扬）「ほめる」
   (9) bǎwù → bǎwò（把握）「把握する」
   (10) kàpìn → kǎpiàn（卡片）「カード」
   (11) kěngdìng → kěndìng（肯定）「肯定する」
   (12) cāncī → cēncī（参差）「まちまちだ」

## 練習問題（6）

1. (1) lái   (2) pén   (3) mǒu   (4) zá   (5) dèn
   (6) sāng   (7) sài   (8) hùn   (9) gěi   (10) kèi

2. 「ing - ong」、「ian - iang」、「ian - üan」、「ian - ün」、「uan - uang」、「uan - uen」、「uan - ong」、「uang - ong」、「uen - ong」、「üan - ün」、「ün - iong」の母音の違いに注意
   (1) 农 nóng「農業」- 凝 níng「固まる」
   (2) 连 lián「つながる」- 凉 liáng「冷たい」
   (3) 显 xiǎn「表す」- 选 xuǎn「選ぶ」
   (4) 裙 qún「スカート」- 前 qián「前」
   (5) 拴 shuān「つなぐ」- 霜 shuāng「霜」
   (6) 撞 zhuàng「ぶつかる」- 赚 zhuàn「儲ける」
   (7) 乱 luàn「乱れる」- 论 lùn「論じる」
   (8) 同 tóng「同じ」- 团 tuán「丸い」
   (9) 恐 kǒng「恐れる」- 款 kuǎn「金」
   (10) 充 chōng「満ちる」- 窗 chuāng「窓」
   (11) 孙 sūn「孫」- 松 sōng「松」
   (12) 宣 xuān「発表する」- 薰 xūn「草や花の香り」

(13) 均 jūn「平均する」 - 捐 juān「寄付する」
(14) 旬 xún「旬」 - 熊 xióng「熊」
(15) 穷 qióng「貧しい」 - 群 qún「群」

3. (1) jiàkēng → jiànkāng（健康）「健康」
   (2) yíngháng → yínháng（银行）「銀行」
   (3) néngyè → nóngyè（农业）「農業」
   (4) xìnxīng → xìnxīn（信心）「自信」
   (5) zhèngqiǎo → zhēnqiǎo（真巧）「ちょうどよい」
   (6) shùnbiàn → suíbiàn（随便）「かってだ」
   (7) bīngbāng → pīngpāng（乒乓）「卓球の音」
   (8) miǎotiáo → miáotiao（苗条）「スマートだ」
   (9) sōuqiá → sōuchá（搜查）「搜査する」
   (10) nákāi → nuókāi（挪开）「移動する」
   (11) kēnqiāng → kēngqiāng（铿锵）「(声や音が) 力強く律動的であるさま」
   (12) 正解：zuānxīn（钻心）「(痛みが) 骨身にしみる」

## 練習問題（7）

1. (1) shéi  (2) jiǒng  (3) què  (4) tiě  (5) zhà
   (6) chāi  (7) shuài  (8) rě  (9) zuǒ  (10) cù

2. 「b - p  d - t  g - k  j - q  zh - ch  z - c」(無気音と有気音)、「r - l  zh - z  ch - c  sh - s」(そり舌音とそうでない発音)、及び「f - h  f - m」それぞれの子音の違いに注意
   (1) 跳 tiào「跳ぶ」 - 调 diào「移動する」
   (2) 瀑 pù「滝」 - 布 bù「布」
   (3) 滚 gǔn「転がる」 - 捆 kǔn「くくる」
   (4) 姐 jiě「姉」 - 且 qiě「しばらく」
   (5) 摘 zhāi「摘み取る」 - 差 chāi「違い」
   (6) 册 cè「冊」 - 仄 zè「狭い」
   (7) 染 rǎn「染める」 - 懒 lǎn「勤勉じゃない」
   (8) 足 zú「十分である」 - 竹 zhú「タケ」
   (9) 村 cūn「村」 - 春 chūn「春」
   (10) 少 shǎo「少ない」 - 扫 sǎo「掃除する」
   (11) 含 hán「含む」 - 凡 fán「平凡な」
   (12) 盟 méng「同盟」 - 逢 féng「出会う」

3. （1）运用 yùnyòng「運用」 （2）宿舍 sùshè「寮」
   （3）合乎 héhū「〜に合う」 （4）荷花 héhuā「ハスの花」
   （5）合伙 héhuǒ「仲間になる」 （6）擦车 cāchē「車を拭く」
   （7）各国 gèguó「各国」 （8）体贴 tǐtiē「思いやる」
   （9）自助 zìzhù「自分で自分を助ける」 （10）预约 yùyuē「予約する」
   （11）由于 yóuyú「〜によって」 （12）忧虑 yōulǜ「憂慮する」
   （13）月夜 yuèyè「月夜」 （14）火花 huǒhuā「花火」
   （15）推脱 tuītuō「言い逃れる」 （16）现象 xiànxiàng「現象」
   （17）忍让 rěnràng「我慢する」 （18）疼痛 téngtòng「痛む」

## 練習問題（8）

1. （1）kěn （2）kǔn （3）tòu （4）tǐng （5）pàn （6）duàn
   （7）hóu （8）kāng （9）jiāng （10）shāng （11）qiǎo （12）chuō

2. 「n－l n－r」、「g－k－h j－q－x」、「zh－ch－sh z－c－s」それぞれ
   の子音の違いに注意
   （1）内 nèi「内」－ 累 lèi「疲れる」
   （2）虐 nüè「むごい」－ 略 lüè「簡略」
   （3）弱 ruò「弱い」－ 诺 nuò「承諾する」
   （4）软 ruǎn「やわらかい」－ 暖 nuǎn「暖かい」
   （5）扰 rǎo「乱れている」－ 脑 nǎo「脳」
   （6）虎 hǔ「虎」－ 苦 kǔ「苦い」－ 古 gǔ「古い」
   （7）今 jīn「現在」－ 亲 qīn「親しい」－ 新 xīn「新しい」
   （8）说 shuō「言う」－ 戳 chuō「突く」－ 桌 zhuō「机」
   （9）菜 cài「野菜」－ 在 zài「いる」－ 赛 sài「競う」
   （10）岁 suì「歳」－ 脆 cuì「硬くてもろい」－ 最 zuì「最も」
   （11）赞 zàn「ほめる」－ 灿 càn「鮮やかに輝いている」－ 散 sàn「散る」
   （12）宗 zōng「祖先」－ 聪 cōng「耳がよい」－ 松 sōng「松」

3. （1）长城 Chángchéng「万里の長城」 （2）形象 xíngxiàng「イメージ」
   （3）骨骼 gǔgé「骨格」 （4）崎岖 qíqū「山道が険しいさま」
   （5）挥霍 huīhuò「金銭を浪費する」 （6）元月 yuányuè「正月、1月」
   （7）顺水 shùnshuǐ「順流」 （8）全线 quánxiàn「全線」
   （9）怨言 yuànyán「恨み言」 （10）红黄 hónghuáng「赤と黄」
   （11）中专 zhōngzhuān「中等専門学校」
   （12）宽旷 kuānkuàng「広々としている」

(13) 云烟 yúnyān「雲煙」 (14) 黄昏 huánghūn「たそがれ」
(15) 宣传 xuānchuán「宣伝」 (16) 其次 qícì「その次」
(17) 机智 jīzhì「機知に富む」 (18) 实习 shíxí「実習する」

4. Pōshuǐjié shì Dǎizú de chuántǒng jiérì, dàyuē zài sìyuè zhōngxún, yìbān chíxù sān dào wǔ tiān. Jiérìli, Dǎizú de nánnǚ lǎoshào dōu yào chuānshang jiérì shèngzhuāng, hùxiāng pōshuǐ, yǐ zhùfú zài xīn de yì nián li xìngfú, kuàilè. Chú cǐ zhī wài, hái yǒu sài lóngzhōu děng gèzhǒng gèyàng de huódòng. Měinián dàole Pōshuǐjié de shíhou, dōu yǒu hěn duō Zhōngwài yóukè wèile hé Dǎizúrén gòngdù jiérì, tèyì láidào Yúnnán Xīshuāngbǎnnà, tāmen bǎ zhè shìwéi yìshēngzhōng nánwàng de jīnglì.

泼水节是傣族的传统节日，大约在四月中旬，一般持续三到五天。节日里，傣族的男女老少都要穿上节日盛装，互相泼水，以祝福在新的一年里幸福、快乐。除此之外，还有赛龙舟等各种各样的活动。每年到了泼水节的时候，都有很多中外游客为了和傣族人共度节日，特意来到云南西双版纳，他们把这视为一生中难忘的经历。

(日本語訳文)
水かけ祭りはタイ族の伝統的な節句で、大体4月中旬ごろにあり、一般に3日から5日まで続く。祭りでは、タイ族の老若男女はみんな祝日の晴れ着を着て互いに水をかけあい、これによって新しい年が幸福、愉快であることを祝福しあう。その他に竜船レースをするなど、いろいろなイベントがある。毎年水かけ祭りの時になると、多くの国内外からの客がタイ族とともに祭りを過ごすために、わざわざ雲南の西双版納に来る。彼らはこれを生涯忘れられない体験と見なす。